FACULTÉ DE DROIT DE PARIS

L'ÉLEVAGE
ET LES
COURSES DE CHEVAUX
EN FRANCE ET A L'ÉTRANGER

Etude d'économie financière et rurale

THÈSE POUR LE DOCTORAT

PRÉSENTÉE ET SOUTENUE

Par

P. BUFFARD

Le samedi 10 *Novembre* 1900, *à* 8 *heures*

Président : M. LÉVEILLÉ, *professeur*
Assesseurs : MM. ESTOUBLON et LESEUR, *professeurs*

Le candidat répondra, en outre, aux questions qui lui seront posées sur les autres matières de l'enseignement.

PARIS
L. BOYER
IMPRIMEUR-ÉDITEUR
15, rue Racine

1900

THÈSE

POUR

LE DOCTORAT

La Faculté n'entend donner aucune approbation ni improbation aux opinions émises dans les thèses; ces opinions doivent être considérées comme propres à leurs auteurs.

FACULTÉ DE DROIT DE PARIS

L'ÉLEVAGE

ET LES

COURSES DE CHEVAUX

EN FRANCE ET A L'ÉTRANGER

Etude d'économie financière et rurale

THÈSE POUR LE DOCTORAT

PRÉSENTÉE ET SOUTENUE

Par

P. BUFFARD

Le samedi 10 *Novembre* 1900, *à* 8 *heures*

Président : M. LÉVEILLÉ, *professeur*
Assesseurs : MM. ESTOUBLON et LESEUR, *professeurs*

Le candidat répondra, en outre, aux questions qui lui seront posées sur les autres matières de l'enseignement.

PARIS
L. BOYER
IMPRIMEUR-ÉDITEUR
15, rue Racine

1900

AVANT-PROPOS

Le sujet que nous nous sommes proposés de traiter a déjà inspiré un grand nombre d'ouvrages ; il a donné lieu à de multiples controverses, la plupart très vives et très acerbes, mais, il ne semble pas qu'une entente, même relative, soit résultée de ces discussions, et la question dans son infinie complexité n'a perdu ni de son intérêt, ni ni de son actualité.

Comment d'ailleurs pourrait-il en être autrement ? Comment résoudre avec aisance une question dans laquelle la Morale, la Défense nationale, l'Agriculture, les exigences budgétaires peuvent être alternativement invoquées, et dans des sens très opposés, suivant les points de vue auxquels on se place ? Chacun propose une solution conforme à la tournure d'esprit qui lui est familière : les uns condamnent énergiquement l'institution même des courses, qui ne seraient qu'un prétexte au jeu ; d'autres sacrifient ces principes de morale devant l'intérêt de l'Agriculture, source de richesse pour le pays et garantie certaine de nos effectifs en temps de guerre ; d'autres enfin, utiliratistes convaincus, se rallient à la thèse des précédents en considérant que le Mutuel par ses prélèvements, chaque jour plus considérables, est pour le budget d'un précieux secours.

Loin de nous la pensée de prétendre jeter dans le débat une lumière décisive, les arguments les plus concluants et les plus sérieux ayant été fournis par les partisans de chaque système. Notre but est beaucoup plus modeste ; nous essaierons de coordonner tous les renseignements recueillis, et sans vouloir nous arrêter à une opinion intransigeante, nous relaterons les raisons qui ont été mises en avant et qui paraissent militer en faveur de la thèse que nous soutenons. Peut-être ainsi réussirons-nous à intéresser à cette question ceux qui nous feront l'honneur de nous lire, et à mettre en garde contre leurs préjugés et leurs idées préconçues d'autres personnes qui discutent ces théories, en supposant les bien connaître.

Il ne nous paraît pas que l'on doive s'en tenir aux données qui nous sont fournies par la France seule ; les indications venant de l'Etranger seront pour nous un élément comparatif très intéressant ; les Courses, dans leur inévitable développement ont porté leur fruit bienfaisant chez nos voisins, comme chez nous ; mais, en cette matière, notre pays est loin d'être en retard, et la conclusion que nous tirerons de cet exposé, aura du moins cette utilité de nous montrer que sur ce point, comme sur tous les autres, la France occupe une place que ses voisins pourraient efficacement et utilement lui envier.

INTRODUCTION

Généralités sur le sport. Le cheval ; son histoire dans l'antiquité, au Moyen-Age, sous la Royauté.

Les sociétés peuvent présenter entr'elles des différences d'organisation très sensibles; mais, dans toutes, nous trouvons des classes d'hommes qui ont beaucoup d'heures à dépenser en loisirs. C'est pour ces privilégiés que les exercices du sport sont surtout utiles; c'est pour eux que l'Angleterre a maintenu, avec un soin jaloux et presqu'une sorte de culte religieux, dans son aristocratie, les habitudes et les goûts des ancêtres.

Les Arts, les Lettres, le Sport introduisent dans les relations un autre mobile que l'intérêt; si on les bannissait de la Vie des Nations, il n'y aurait plus dans la société que des malheureux « condamnés à perpétuité aux galères des affaires. » Ensuite toutes les organisations ne sont pas similaires; il faut au courage, à l'adresse, à l'agilité, à la souplesse du corps, une application dont les heureux résultats se retrouvent dans les carrières sérieuses ou les conjonctures suprêmes de la vie. Telle est dans notre monde moderne la raison d'être du Sport, qui est le complément nécessaire de toutes les distractions intellectuelles.

La pensée qui créa le Sport est celle qui fonda ces jeux olympiques, si chers aux belles époques de l'antiquité, mais modifiée selon les croyances, les besoins, les inspirations d'une autre civilisation. C'est surtout dans les pays aristocratiques que le goût du sport prit naissance et se développa, mais il ne se cantonna pas dans une classe, et il serait facile de suivre son évolution dans les nations aux formes de Gouvernement les plus variées, aux Constitutions les plus différentes.

De tous les exercices, de toutes les occupations qui constituent le Sport, les Courses de chevaux sont la plus importante, la plus féconde en grands résultats, la plus brillante. La part, chaque jour plus grande, que les Courses ont prise dans la vie moderne s'expliquera bien souvent par des circonstances fortuites, ou par des mobiles très différents ; mais parmi toutes ces causes, il en est cependant une, à notre avis, primordiale et toujours prépondérante, au moins à l'origine : l'estime vraie de l'homme pour l'animal, qui dans tous les temps et sous toutes les civilisations lui rendit d'immenses services. Que cette estime ait dégénéré en amour irraisonné chez certains peuples, en vénération chez d'autres, il n'importe ; une constatation s'impose : l'importance du rôle que le cheval joua aussi bien dans l'antiquité que dans les temps modernes. Aussi, ne semble-t-il pas inutile de rappeler, au début de cette étude, sur les Courses de chevaux, quelques faits historiques qui montreront l'importance des services rendus par le cheval aux différentes époques de l'histoire.

Si nous remontons aux temps les plus reculés de l'histoire grecque, nous trouvons une Olympe peuplée de divinités capricieuses, « entachées de passions communes aux mortels, qui se servent du cheval pour satisfaire leurs amours,leurs plaisirs,leurs colères ou leurs vengeances. » Dans l'existence des premiers héros grecs, il n'y a que rencontres et combats héroïques dont les grandes scènes ont été immortalisées par Homère. Le poète associe la gloire du cheval à celle de l'homme ; il exalte ses éminentes qualités, ses exploits d'où procède tout honneur et toute gloire : « Muse, dis-moi qui fut le plus vaillant, soit des hommes, soit des coursiers ». Le cheval secondait les héros dans leur vie active remplie par les inquiétudes et les soucis d'une vie amoureuse ; « son existence était liée aux mœurs et aux coutumes de ces vaillants ; il répondait bien à leurs vertus guerrières et parlait à leurs cœurs ».

Le cheval joua un grand rôle dans la Grèce entière au moment de la prospérité de Sparte et d'Athènes ; les jeux Néméens, Pythiens, Isthmiques et Olympiques étaient en pleine splendeur et tout ce que la Grèce comptait de distingué par la richesse s'y donnait rendez-vous. De même « que la lumière du soleil surpassait toute chose en éclat et en chaleur, ainsi, il n'était pas plus noble victoire que celle de l'Olympie (Pindare). Le coursier était l'emblème des triomphateurs aux jeux olympiques; le cheval vainqueur comme l'homme victorieux avait droit aux plus grands honneurs. « Dans le bois sacré, sous les grands arbres de l'Altis, beaucoup de chevaux eurent leurs statues faites par les plus célèbres artistes de l'époque, afin de rappeler la gloire désormais impérissable attachée à leur nom ».

Périclès multiplia les fêtes équestres, instituées, écrivait Thucydide « pour adoucir dans les cœurs la mélancolie de la vie », Aristophane dans sa comédie des « Chevaliers » adressait à Neptune ces invocations : « O Neptune, dieu des coursiers qui te plaît à leurs hennissements et au galop retentissant de leur pied d'airain, dieu des luttes équestres où de jeunes rivaux passionnés de gloire se réunissent pour lancer des chars dans l'arène, viens présider à nos chœurs, roi des Dauphins, fils de Saturne, divinité chère aux Athéniens. »

Dans la guerre du Péloponnèse tout semble se résumer dans le recrutement des chevaux ; dans l'expédition des Grecs en Russie la valeur de la cavalerie thébéenne assure à cette ville une écrasante supériorité. Arrive l'époque Macédonienne ; Philippe et Alexandre furent de fervents admirateurs du cheval ; le premier, le même jour où il apprenait la victoire de son général Parménion et la naissance de son fils Alexandre, remportait un prix aux jeux Olympiques, « prenant ainsi les couronnes de la Grèce avant de lui ravir sa liberté » ; le second pour célébrer ses succès, faisait bâtir une ville en l'honneur de Bucéphale.

Mais la grandeur d'Athènes ne sera bientôt plus qu'un souvenir ; et « de même que Philopœmen, le dernier des Grecs, tombé de son cheval, se verra abandonné de ses cavaliers, ainsi la savante Hippathie, expirant à Alexandrie, renversée de son char, déchirée par le peuple en courroux » (1), semble personnifier la Grèce mourante, qui, belle encore dans sa « vieillesse douloureuse » (Byron) ne sera plus, suivant l'expression d'Eubule, « qu'un frêle esquif, sans pilote, lancé sur le courant du temps ».

Il n'en reste pas moins que tous les grands hommes de la Grèce, tout ce qu'elle comptait d'illustres parmi ses savants, ses sages, ses poètes, ses philosophes parlèrent du cheval avec enthousiasme et en firent un être idéal, un « être de raison » digne de soins et d'affection. « Le « cheval fut de plus en plus glorifié, au fur et à mesure « que la réflexion, l'étude de la nature, de l'humanité et « de ses lois donnaient une plus grande importance au « travail incessant de la pensée au sein du monde social (2) », chez ce peuple grec, qui, selon Gœthe, « fit le plus beau songe de la vie. ».

En passant à Rome, nous trouvons une aussi vive admiration pour le cheval, la glorification de ses nombreuses qualités, et le souvenir vivace des services qu'il rendit aux époques les plus décisives de l'histoire Romaine.

1. Chaumel. *Histoire du cheval dans l'antiquité.*

2. Chaumel, *op. cit.*

C'est d'abord sur les monnaies et les médailles d'Albe-la-Longue, la plus ancienne ville du Latium, un cheval ailé destiné à porter la foudre et les éclairs, et figurant l'éclair même, traversant le ciel d'un bond. Puis Romulus, qui crée l'institution des Chevaliers, (ainsi nommés parce qu'il était nécessaire qu'il possédât un cheval), lesquels Chevaliers furent sous le Consulat et la République, les meilleurs artisans de l'expansion romaine.

Survient le duel à mort entre Rome et Carthage, qui se résume dans la lutte du coursier punique contre l'aigle romaine. Annibal s'était auparavant illustré auprès de ses compatriotes par ses prouesses équestres et ses chevauchées ; la cavalerie carthaginoise, remarquablement organisée, mit en déroute, par ses charges répétées, au Tessin et à la Trebbia les légionnaires romains et leur infligea la sanglante défaite de Cannes. « Ainsi la République s'était vu détruire en un jour tout ce qu'elle possédait de cavalerie, c'est-à-dire le plus sûr instrument de succès de cette époque de l'histoire » (1). Mais à Zama, la revanche des Romains fut complète « l'œil perçant de l'aigle romaine avait saisi le sens des vives allures du coursier punique, et bientôt le coursier fougueux avait dû s'arrêter court ».

Le cheval de César devait jouer un rôle prépondérant dans l'histoire ; d'après l'oracle, il présageait l'empire à son maître ; celui-ci le monta dans les occasions solennelles, acheva avec lui la conquête des Gaules, et par re-

1. Hennebert. *Histoire d'Annibal*, 3. 158.

connaissance, lui fit élever une statue devant le temple de Vénus Genitrix, alors que sur toutes les monnaies de la Gaule, le fier coursier était représenté dans une allure superbe et indomptée.

Sous la Rome Impériale, le culte du cheval ne devait pas être moins vivace; Virgile dans ses *Géorgiques* (1) exalte le noble animal presque à chaque chapitre de l'ouvrage, et Auguste accorde au poète son illustre protection. Caligula veut élever son cheval Incitatus à la dignité de Consul; Néron s'enorgueillissait, tout jeune, d'avoir vu son père écraser à dessein un enfant sous le galop de sa monture; Adrien composait lui-même l'épitaphe du tombeau de son cheval Borysthène ; enfin toute l'antiquité équestre se retrouve dans la célèbre statue de Marc-Aurèle, « œuvre magnifique et vivante d'un artiste inconnu, restée seule intacte et debout au-dessus des ruines de la cité des Césars » (2).

Il nous faut arrêter là cet aperçu du rôle que le cheval a pu jouer dans l'histoire romaine ; car les Romains de la décadence ne songèrent qu'au luxe et aux plaisirs ;

1. Un jour tu le verras ce coursier généreux
Ensanglanter nos murs et vaincre dans nos jeux
Ou plus utile encore dans les champs de la Guerre
Sous de rapides chars faire gémir la terre.
. . . .
Son front combat les vents, son pied frappe la plaine
Et sous les bonds fougueux, il fait voler l'arène.

Géorg. L. III.

2. Duruy. *Histoire romaine.*

en présence de ces mœurs nouvelles, Voltaire écrit, excusant Caligula :

« Si dans Rome avilie un Empereur brutal
« Des faisceaux d'un Consul honora son cheval,
« Il fut cent fois moins fou que ceux dont l'imprudence
« En d'indignes mortels ont mis leur confiance ».

Mais des souvenirs historiques que nous avons évoqués, de cette remarque que le cheval était, comme l'aigle, toujours représenté sur les enseignes guerrières de Rome, de ces médailles qui toutes portaient des images équestres, médailles consulaires avec un cavalier lancé au galop de toute la vitesse de son cheval, médaille de la Rome impériale avec un char attelé de deux chevaux et quelquefois un quadrige, de cet ensemble de faits, il est possible de tirer une conclusion :

L'histoire de Rome n'est qu'une suite, qu'une épopée de prodigieux exploits, et « c'est par le cheval que ce colosse a su atteindre des proportions si grandioses, que les peuples ont pu fusionner, que l'antiquité a pu se connaître, que la civilisation carthaginoise est venue expirer aux pieds de la civilisation romaine. » Le cheval a permis à l'homme de réaliser les plus vaste projets ; son histoire est écrite triomphante dans la politique, la guerre. A cause du cheval, l'étoile de Rome a pu briller longtemps à l'horizon du monde.

Chez les Romains, comme chez les autres nations de l'antiquité, le cheval est un instrument qui se perfectionne avec les progrès de la civilisation. Incompris ou ignoré dans la société en formation, il suit son évolution, pour disparaître ensuite dans les époques de décadence, alors que les mouvemnts généreux, les nobles sentiments ont fait place au vice et à la corruption.

Le rôle joué par le cheval chez les peuples de l'antiquité a donc été décisif; en fut-il de même aux premiers temps de la monarchie franque? Il ne le semble pas. Certes les Germains étaient d'intrépides cavaliers, et les luttes des peuples barbares, les invasions, les courses lointaines, les chocs terribles des Huns, des Vandales, des Maures rendaient nécessaire l'emploi de coursiers vigoureux et résistants. Si la race de Clovis fit place à celle de Pépin, si les fils des rois chevelus « subirent la tonsure du moine », c'est que les rois fainéants laissèrent dormir les chevaux de bataille de leurs pères, et ce fut sur un bon et splendide coursier que Charles Martel, dans les champs de Poitiers, conquit la couronne que son fils Pépin légua à la dynastie des Carlovingiens. Mais ces souvenirs sont épars dans l'histoire de plusieurs siècles, et il est nécessaire d'arriver jusqu'à la « Chevalerie » pour trouver une époque où le cheval prit une importance capitale, touchant les mœurs du temps, et jusqu'aux destinées de la France.

Il n'entre pas dans le cadre de ce court exposé d'insister sur la Chevalerie et sur son organisation. Signalons simplement cette institution politique et religieuse, qui proclama pour la première fois l'égalité des droits, la résistance à l'oppression, édicta une longue série de devoirs, basés sur l'honneur, sentiment nouveau, inconnu dans l'ancienne civilisation, et contribua par sa puissante discipline morale à la fondation de tous les royaumes de l'Europe moderne.

Le cheval fut l'emblème de la chevalerie, le compagnon indispensable du chevalier ; sans le cheval, la Chevalerie n'existait pas. Parcourir des routes difficiles et accidentées, porter de lourdes armes et de pesants harnais, et surtout se transporter promptement d'un lieu à un autre, tout cela n'était possible qu'avec le cheval. Une enveloppe de fer couvrait le cavalier et sa monture, et rendait l'union d'autant plus indissoluble que le chevalier, démonté, était trop chargé pour se relever et combattre.

« Je concède à tous les chevaliers qui défendent leurs terres par le casque et par l'épée, la possession sans redevances, ni charges de toutes les terres cultivées par leurs charrues seigneuriales, afin qu'ils se munissent de *chevaux* et d'armes pour notre service et la défense du Royaume ».

Telle était la teneur ou l'esprit de toutes les chartes de feudataires, tant en France qu'en Angleterre et en Allemagne pendant toute la durée du Moyen-Age. Aussi, cette époque peut être appelée l'âge d'or de la race équestre ; soigné par la main des pages et des écuyers, caressé par les châtelaines, accoutumé à la vie de famille, le cheval avait alors le droit de se nommer le noble compagnon de l'homme ; il vivait dans les castels de la chevalerie, comme sous les tentes de l'Arabe.

« Supprimez le cheval de la création, et vous serez forcé de supprimer huit siècles de l'histoire du monde » (1). Cette appréciation d'un écrivain hippique, toute exagérée qu'elle soit, montre bien l'importance que la possession d'un cheval avait prise au cours du Moyen-Age.

A l'âge des Chevaliers qui montaient le destrier pour le précipiter dans les combats, et la hàquenée pour chevaucher dans l'intervalle, succéda l'âge des Ecuyers ; à une équitation faite d'exemple et d'habitude, pratique traditionnelle s'apprenant dans les châteaux des seigneurs, succéda, au moment de la Renaissance, la science des Ecuyers qui eut pour berceau l'Italie.

Les chroniques du temps relatent, comme noms d'écuyers célèbres, ceux de Newcastle, de René de Menou et surtout celui de Pluvinel.

Antoine de Pluvinel, gentilhomme du Dauphiné était allé étudier en Italie sous Pignatel et était devenu le meilleur élève du Maître. De retour en France, Pluvinel fut choisi par le duc d'Anjou, comme premier écuyer, il suivit ce prince, élu roi de Pologne, et revint avec lui quand le roi de Pologne fut appelé au trône de France sous le nom d'Henri III. Henri IV envoya l'écuyer-diplomate comme ambassadeur en Hollande, puis le nomma sous-gouverneur du Dauphin, devenu depuis Louis XIII.

Les idées de Pluvinel, jointes à l'infériorité numérique où était descendue la cavalerie, amenèrent une mesure

1. De Sourdeval. *Le cheval à côté de l'homme et dans l'histoire.*

très importante et toute nouvelle : l'intervention directe du Gouvernement dans la production chevaline. La Noblesse subissait alors une Révolution; ses châteaux fortifiés avaient été démantelés et percés à jour ; beaucoup de nobles étaient en exil; d'autres, appelés à la Cour y déployaient un faste ruineux. A ce déclin de la féodalité, à cette disparition de l'armée volontaire, il fallait remédier. Le moment était bien choisi pour placer sous la responsabilité royale l'élevage du cheval : ce fut le but de l'édit, rendu sur la proposition de Richelieu en date de 1639.

Nous verrons aux chapitres concernant l'historique des Courses et celui des Haras, quels efforts furent tentés par l'ancienne Royauté pour arriver au but qu'elle s'était proposé; nous aurons malheureusement à constater l'inutilité de ces efforts, et nous devrons reconnaître qu'il a fallu attendre au moins la moitié de ce siècle pour réaliser de sérieux progrès.

De cette étude sur le rôle du cheval à travers les siècles, une conclusion s'impose : la multiplicité et l'importance des services que le cheval a toujours rendus à l'homme. Pour être complet, il nous faut maintenant jeter un coup d'œil sur l'époque contemporaine : voyons si l'amour du cheval est aussi développé chez nous que chez nos ancêtres, et même que chez les peuples voisins ; les habitudes ne sont-elles pas modifiées, les goûts n'ont-ils pas varié et le cheval tient-il, dans notre société moderne, la place que l'histoire semblait lui avoir réservée?

On n'oserait répondre affirmativement, tout au moins pour notre pays ; et c'est presque un lieu commun de soutenir que chez nous le goût du cheval n'est plus que l'apanage de quelques privilégiés, qui, pour un peu, se verraient traiter de dilettanti ; les vrais amateurs sont aujourd'hui réduits à une infime minorité, et l'homme de cheval n'est la plupart du temps qu'un spéculateur, qu'un commerçant, souvent très rusé, d'une habileté parfois plus estimée qu'estimable.

Le pays où le cheval prospère, où s'accroissent sa force et sa vitesse, est celui où il est l'objet d'une vive et constante sollicitude. Le cheval est né le compagnon et l'auxiliaire de l'homme ; le milieu dans lequel les attributs caractéristiques d'un animal ressortent le plus vivement est celui qui lui est le plus naturel. Or, le cheval, veut la culture de l'homme ; il s'améliore entre ses mains, et rend des services, dans la proportion des soins et de l'affection qu'on lui donne en échange de sa dépendance.

Ainsi, s'explique en dehors de toute autre considération, la supériorité du cheval de l'Orient. La vie agitée des peuplades de l'Arabie, leurs guerres continuelles, les immenses étendues de sable qu'il leur faut franchir, dans leurs multiples expéditions, dans leurs fuites ou dans leurs migrations, ont donné au cheval arabe une valeur immense ; ni cours d'eau navigables, ni grands chemins dans le pays ; aussi sans le cheval, pas de relations possibles pour l'Arabe, pas de commerce, pas de ces courses aventureuses qui conviennent tant à « ses inclinations amoureuses, à son instinct de rapine, à la vie de pasteur pour laquelle il est fait ».

Chez l'Arabe, l'amour du cheval est donc lié à son existence, à sa fortune et à ses joies les plus intimes. La religion lui fait un devoir de cet amour, le Coran établit le culte du cheval, et l'Arabe s'est ainsi fait « l'adorateur « fanatique du noble animal qui est le palladium de sa « nationalité, le génie tutélaire de son toit domestique ».

Chez les Anglais nous retrouvons un culte du cheval non moins sincère, quoique plus positif que celui des « enfants du désert ». Ils le considèrent sous le double rapport de l'art et de la richesse industrielle, et de cette sorte, il est devenu dans leurs mains, une gloire et une puissance. A quelque rang de la population que vous vous adressiez dans les trois Royaumes, vous rencontrerez la même affection pour le cheval. Sans parler de l'homme de la classe élevée, vous trouverez chez le travailleur des villes, chez le paysan, chez le plus infime prolétaire un même sentiment de bienveillance pour le « noble animal » que tous traitent avec une même sollicitude.

En France, au contraire, le cheval n'est, le plus souvent, comme nous le disions plus haut, ni un ami, ni un compagnon, comme il l'est en Arabie, ni même une gloire ou une œuvre d'art comme en Angleterre. C'est aux yeux des uns, une chose, un bétail, une pure marchandise, aux yeux des autres un instrument de travail, ou un objet de vanité stérile et une occasion de luxe apparent. C'est en France qu'on assiste souvent à ces mélancoliques vicissitudes des destinées chevalines qui débutent par les palmes des champs de courses, ou le fracas des batailles, et finissent à Montfaucon, chez l'équarisseur, après avoir passé par les degrés décroissants de la chasse, de l'attelage, du fiacre, du cabriolet, de la charrette et du tourniquet.

Ainsi il y a dans nos mœurs une sanglante anomalie ; nous sommes un peuple guerrier, brave, impétueux et en général nous sommes mauvais cavaliers. Le cheval, naît, vit et meurt chez nous comme une chose, un objet de trafic et d'échange ; pas de soins, pas d'affection réelle, non-seulement pour l'espèce, mais pour le cheval en particulier. Aussi, est-ce un heureux hasard que de voir glorifier le cheval par des personnes, guidées par un autre sentiment que l'intérêt. C'est le cas d'Henri Lavedan, dans une page presqu'ignorée que le Maître, simple cavalier dans un régiment de dragons écrivait, pour se reposer du dur métier des armes. Si longue que soit cette citation, nous ne pouvons résister au plaisir de la transcrire presqu'en entier ; c'est une magnifique et éloquente glorification du cheval, qui résumant le rôle joué par le noble animal à toutes les époques, servira heureusement de conclusion à notre chapitre :

Mon royaume pour un cheval !...

BOABDIL.

« Il y a des gens qui adorent les chiens et qui en font
« la passion de leur vie, des vieilles filles qui s'énamou-
« rent de kakatoès au plumage aveuglant ; des poètes

« comme Beaudelaire, hérissant les angoras fourrés ;
« moi, j'ai toujours eu, pour le cheval, un vaste et pro-
« fond amour.

« O cheval superbe et divin, de quel côté qu'on tourne
« les yeux, on aperçoit aussitôt ta silhouette élégante et
« majestueuse ».

« Tu es partout, mon beau vaniteux !

« Dans la mythologie, tu piaffes parmi les splendeurs
« et les apothéoses ; tu as pour cochers le Soleil et la
« Nuit ; et tu roules les déesses nonchalamment éten-
« dues dans la gloire de leurs conques aériennes. Pas un
« chemin sauvage et perdu de la légende où ne retentisse
« ton hennissement. Pas un sentier battu de l'histoire où
« ton sabot n'ait laissé son empreinte et fait jaillir une
« étincelle. Pas un évènement joyeux de la vie où tu ne
« joues ton rôle. Tu vas, des batailles où l'on se tue, aux
« escapades où l'on s'aime. Tu es le fidèle ami des jeu-
« nes cavaliers, le complice hardi de don Juan.

« Et voilà que tu passes à travers les âges et les siè-
« avec la diversité de tes races, la vanité infinie de tes
« formes, les mille nuances de tes robes sous un aspect
« toujours multiple et toujours nouveau ! Toi, d'abord,
« fils de Neptune et de Méduse, Pégase aux crins d'ar-
« gent, qui, d'un coup d'aile, ravis le poète aux sommets
« de l'Hélicon ; vous, nobles coursiers qui, tête baissée,
« traîniez à pas lents le char d'Hippolyte au bord de la
« mer retentissante ! Bucéphale, écumant sous la cuisse
« nerveuse du vainqueur d'Arbelles, tué sur les rives de

« l'Hydaspe, et pleuré par ton royal maître qui fit bâtir « une ville portant ton nom, au lieu même où tu t'étais « abattu pour la première et la dernière fois ! Vainqueur « des jeux Olympiques, d'encolure puissante, à la cri- « nière carrément coupée en brosse, comme le cimier « d'un casque, parcourant la carrière d'un galop sonore ! « Hippogriffe velu, farouche, descendu des steppes du « Nord aux heures d'invasion, aimant à sentir battre sur « tes flancs creux la tête de l'ennemi vaincu et séchant « l'herbe où tu passes ! Veillantif, bon cheval de Roland, « qui, la bouche dégouttante et vermeille, si bien mordais « les Sarrazins, au visage dans les gorges de Ronce- « vaux ! Cheval-bourreau, meurtrissant à travers monts « et plaines, les membres abîmés de Mazeppa, ou broyant « aux arbres des forêts le corps blanc de Brunehaut, que « les loups suivaient à la trace ; Syrien qui galopais si « vite, emportant Mohammed à travers les terreurs de « l'Hégire ! Cheval du Moyen-Age caparaçonné de fer et « d'acier aux tournois, costumé de soie et de velours à « la chasse aux faucons, aimé des suzerains, choyé des « pages, caressé des reines ! Tu restes bien un peu à « l'écurie pendant que Henri II et ses mignons jouent au « bilboquet, mais le Béarnais t'enfourche à nu, tu bondis « sous l'éperon de ses grandes bottes et plus tard les « enfants aiment à te voir passer sur le Pont-Neuf ; tu « fais du pas espagnol au manège avec les raffinés de « Louis XIII ; la queue cravatée de rubans et de passe- « quilles, les jambes en guillemets, tu galopes sur la

« place avec emphase à la porte des somptueux carrosses, « dans les rues de Versailles, et tu conduis par les casse-« cou du Saint-Bernard le grand petit homme à la redin-« gote grise ! Oh ! qui que tu sois, Rossinante ou Bucé-« phale, cheval glorieux ou dada ignoré, anglais souple « et plein de feu que Byron mena tant de fois sur le sable « du Lido, ou gros percheron emportant la royauté dans « une berline et la faisant verser à Varennes, qui que tu « sois, héros de l'histoire, personnage de la fable, enfant de « la légende, je t'aime ! Je t'ai vu en marbre dans les « frises du Panthéon, je t'ai vu en pierre, je t'ai vu en « bronze au fronton des arcs de triomphe et sur le métal « des médailles ; on a ceint ton front de laurier, tu as été « consul, tu as eu des prêtres et des autels ! Dieu t'a « créé, M. de Buffon t'a découvert ; Lamartine et les « poètes de Jéricho t'ont chanté, Van der Meulen, Rubens, « Géricault, Carle Vernet, Fromentin, Meissonnier ont fixé « sur la toile ta radieuse image, les Coysevox et les Cous-« ton t'ont fait jaillir du plus pur carrare ; tu n'as rien à « envier, tu es le vrai roi des animaux, tu mérites qu'on « t'honore et si tu n'as pas d'Invalides ici-bas, on te « reverra du moins un jour dans les plus sereines régions, « où tu auras comme Pégase, de grandes ailes !

« Où joyeux tu galoperas
« Sur des bruyères immortelles ! »

Si l'amour du cheval est très peu développé en France, si cet esthétisme équestre séduit un nombre très minime de gens, il est loin d'en être ainsi de l'institution des Courses, qui prennent chaque jour, comme nous le verrons, une importance plus grande, conséquence presqu'inévitable d'un état de choses politique.

En effet, la France par sa position continentale, par l'antagonisme de ses voisins, par la guerre dont elle est sans cesse menacée, par sa fortune, par le caractère audacieux de ses enfants, devait, plus que tout autre peuple, être à la tête du développement des Courses. De ce développement, nous allons exposer les différentes phases, en insistant sur l'époque contemporaine, qui, selon nous, date de la loi du 2 juin 1891, loi capitale en matière de courses, et qui apportait à l'état de choses existant une modification profonde.

Mais avant d'envisager la situation actuelle, il est utile de remonter à l'origine des Courses, et d'en suivre l'évolution progressive. Nous diviserons cet exposé en deux parties ; la première s'étendra du début de l'institution à l'arrêté de 1805, qui est la reconnaissance des Courses par l'autorité publique, leur consécration officielle ; la seconde comprendra les modifications importantes, les faits saillants qui marquèrent la deuxième période, de 1805 à 1801.

A

DE L'ORIGINE DES COURSES, JUSQU'A L'ARRÊTÉ DE 1805.

Il est nécessaire de remonter assez loin dans l'histoire, pour trouver les premiers documents qui pourront nous renseigner sur la fondation des Courses en France. Avant l'Angleterre, nous avons, en effet, tenu le sceptre hippique en Europe, et les chroniques équestres nous apprennent que Guillaume et ses soldats portèrent en Grande-Bretagne toutes les habitudes sportives de la civilisation plus avancée du royaume de France. Mais, les Courses, si rudimentaires qu'on puisse les supposer, n'existaient pas encore ; les premiers essais auraient été faits, sous le règne de Louis Le Gros, par Archambault de Bourbon, beau-frère du Roi. Encore doit-on reconnaître à cette relation une authenticité douteuse, et les plus anciennes Courses, dont on ait retrouvé véritablement la trace, datent du règne de Charles V, en 1370. Elles avaient lieu, le jeudi qui suit la Pentecôte, dans la bonne ville de Semur (Côte-d'Or); les prix consistaient en une bague d'or, aux armes de Semur, une écharpe de taffetas blanc et une paire de gants garnis de franges d'or.

L'organisation de ces Courses était d'ailleurs absolument primitive ; elles servaient de spectacle, de délassement pour le peuple, et l'amélioration de la race chevaline ne pouvait être en cause. Néanmoins, avec ce caractère de réjouissances publiques, de fêtes locales, les Courses prirent une assez grande extension. L'histoire de Bayard et le fabliau breton de Merlin Barz font mention de Courses de bagues très célèbres qui existaient en Normandie, de réunions équestres qui se donnaient dans les Pyrénées, et surtout en Bretagne, dans ces localités agrestes qui célèbrent encore aujourd'hui, par des danses et des luttes équestres sur la route, les traditions du vieux temps.

Mais là devait s'arrêter le progrès en la matière, et dans les siècles suivants, l'institution des Courses resta ce qu'elle était au début : un divertissement populaire, ou une solennité privée que les nobles offraient à leurs invités pour éveiller leur curiosité et éprouver leur adresse. Ces épreuves publiques n'avaient aucun but sérieux, et n'étaient nullement inspirées par la recherche de réformes à opérer, ni par le souci de régénérer et d'infuser un sang nouveau à une race abâtardie et épuisée par l'abus qui en avait été fait. Tel était, au contraire, à cette époque, le mobile des efforts tentés par l'Angleterre, et par cette dynastie des Stuarts, qui tous avaient la passion du cheval, et la volonté d'obtenir pour l'élevage de leur pays un résultat avantageux.

Aussi, les essais tentés sous le règne de Louis XIV, ne peuvent-ils avoir pour nous qu'un intérêt très relatif. Citons seulement pour mémoire le match couru au Bois de Boulogne en 1651, entre le prince d'Harcourt et le duc de Joyeuse, match dont l'enjeu était de mille écus, et qui se termina par la victoire du champion du second. Rappelons encore un match disputé à Achères en 1685, entre deux chevaux appartenant, l'un au duc de Vendôme, l'autre au Grand Ecuyer et montés par des grooms anglais. Le groom qui pilotait le cheval battu, fut, tout comme un simple jockey moderne, accusé d'avoir touché la forte somme pour arrêter sa monture; il est vrai de dire que des paris très importants avaient été engagés sur la chance des deux concurrents, et qu'en cette circonstance la question de jeu primait tout ; l'intérêt du spectacle était relégué au second plan ; le souci de l'élevage n'apparaissait pas plus que précédemment.

Les chroniques du XVIIIe siècle relatent aussi deux paris, qui, eux, semblent avoir revêtu le caractère de tour de force et de gageures tendant à faire ressortir l'habileté de ceux qui les tenaient : tel fut l'engagement conclu le 9 mai 1726 entre le duc de Courtanvaux et le marquis de Saillans, celui-ci devant venir de la grille de Versailles à celle des Invalides en 30 minutes ; et le pari, fait en 1754 par Lord Pascool, de parcourir en deux heures la distance entre Paris et Fontainebleau, pari pour l'exécution duquel, le roi avait suspendu les droits de péage, fait lever tous les obstacles, et ordonné à la maréchaussée d'assurer la libre circulation.

Cependant, une modification importante était sur le point de se produire dans les mœurs sportives. La réputation des chevaux anglais, basée sur la vitesse et l'endurance des produits d'Outre-Manche, était parvenue jusqu'à nous, par l'intermédiaire de quelques officiers retenus captifs après la guerre de 7 ans, et par les relations d'un voyage, que plusieurs gentilshommes avaient fait à Newmarket pour étudier les systèmes d'entraînement et assister aux divers « meetings ».

Les propagandistes des idées anglaises n'obtinrent d'abord qu'un médiocre succès, en particulier auprès du Roi qui se montrait parfaitement hostile aux Courses : « Qu'a-« vez-vous fait, en Angleterre, demandait, en effet, « Louis XVI au Comte de Lauraguais, qui s'était mis à « la tête du mouvement ? — Sire, répondait le Comte, j'y « ai appris à penser. — Vous voulez dire à panser les « chevaux, sans doute, répliquait le Monarque, qui mon-« trait ainsi son dédain pour le sport nouveau que l'on « tentait d'introduire dans son royaume ».

Mais l'impulsion était donnée et l'idée nouvelle devait porter ses fruits ; elle se développa surtout grâce à la vogue dont jouirent bientôt les modes anglaises à la Cour de Versailles. Les salons du Comte d'Artois étaient l'un des centres de ce monde fastueux et brillant des dernières années de la vieille monarchie. Autour de lui rayonnait une foule de jeunes hommes, vivant de la même vie, et dans ce nombre beaucoup d'Anglais de distinction, qui apportaient à Paris leur contingent de luxe, d'équipages et d'argent.

De son côté, le duc de Chartres, qui s'était fait nommer membre du Jockey-Club de Newmarket, achetait des chevaux en Angleterre, et ses couleurs paraissaient sur les hippodromes d'Outre-Manche. Louis XVI, lui-même, se relâcha peu à peu de son hostilité envers les Courses, se laissant convaincre de leur utilité au point de vue de l'élevage, et envisageant le profit que pouvait en tirer l'Etat.

De cet ensemble de circonstances, favorables à l'institution des Courses, résulta la création de plusieurs hippodromes Le 6 novembre 1776 eurent lieu les premiers essais, dans la Plaine des Sablons : Teucer au marquis de Conflans, âgé de 7 ans et portant 127 livres, gagna un match contre Comus, au Comte d'Artois, âgé de 6 ans et portant 130 livres ; le prix était de 2.500 francs (1). Le 9 du même mois, une poule de 15.000 francs était disputée par plusieurs concurrents, dont l'un appartenait au duc de Chartres, l'autre au comte d'Artois. L'année suivante, des épreuves importantes furent courues à Fontainebleau ; on y compta jusqu'à 40 chevaux partants. Enfin, en 1784, trois réunions eurent lieu au bois de Vincennes, et des juments étrangères vinrent se mesurer avec nos champions.

Bien que le résultat pratique de ces premières fêtes hippiques soit contestable, car elles n'étaient pour de jeunes gentilshommes, que l'occasion de faire parade de leurs équipages, et de passer agréablement les journées, il n'en reste pas moins qu'elles précisent l'époque où les premiers chevaux de pur-sang furent introduits en France, sans que pour cela, il soit possible de retrouver, dans notre reproduction, la trace de ces animaux importés.

La Révolution interrompit ces organisations naissantes, et emporta les Courses comme bien d'autres institutions d'origine seigneuriale ; mais la perturbation visa surtout, comme nous le verrons, l'institution des Haras, les Courses ne pouvant jouer encore qu'un rôle bien effacé. Il nous faut aller jusqu'à l'Empire pour trouver un essai de rénovation : ce fut le but de l'Arrêté du 13 fructidor an XIII (1805) qui réglemente officiellement les Courses, et

1. Touchstone. *Les Courses de chevaux en France et à l'étranger.*

prescrit leur établissement dans les départements de l'Empire, « les plus remarquables par la bonté des che- « vaux qu'on y élève, des prix devant être accordés aux « chevaux les plus vites ».

Cette consécration officielle des Courses termine la première partie de notre exposé historique. Après ce qui vient d'être dit, il semble presqu'inutile de faire remarquer que les Courses ne jouèrent jusqu'à cette époque qu'un rôle bien secondaire. Derniers divertissements de la Royauté expirante, elles n'étaient qu'un spectacle de gala offert à la noblesse, spectacle où l'initiative privée était seule en cause, sans que d'ailleurs il pût en résulter quelque progrès pour l'amélioration de la race et pour l'élevage national.

B

LES COURSES DE L'ARRÊTÉ DE 1805 A LA LOI DE 1891

(*Création des principales Sociétés. L'Arrêté du* 16 *mars* 1866 *et l'initiative privée substituée à l'Autorité Gouvernementale*).

Dès 1806, et conformément aux prescriptions de l'Arrêté de fructidor, des courses furent créées dans les départements de l'Orne, de la Corrèze, du Morbihan, de la Seine, de la Sèvre, des Côtes-du-Nord et des Hautes-Pyrénées. Quatre prix de 2000 fr. furent attribués à chacun des départements précités, exception faite pour celui de la Seine, qui recevait un prix de 4000 fr., lequel devait être disputé par les concurrents ayant gagné un prix de 2000 fr. dans les départements. Pouvaient prendre part à toutes ces épreuves, les chevaux entiers et juments de 5 à 6 ans révolus, nés en France et montés par des piqueurs français.

Que devait-il résulter de cette intervention gouvernementale? Peu de choses, à cause du patriotisme exclusif qui inspirait les règlements impériaux. Un amour-propre national, mal compris, incitait à s'éloigner autant que possible des théories et des pratiques anglaises; l'emploi du pur-sang anglais comme reproducteur étant écarté d'une manière absolue, les Courses, créées sous un pareil régime, ne pouvaient que favoriser les moins mauvais représentants d'une race abâtardie, au lieu d'aider à sa régénération.

On ne tarda pas à s'apercevoir de l'erreur commise, et dès 1810, un nouvel Arrêté indiqua les vrais principes à adopter. La supériorité incontestable des races anglaises s'imposait à l'attention de tous les gens sérieux, et l'Empereur fut un des premiers à en encourager l'introduction. Mais des occupations autrement sérieuses absorbaient alors l'esprit de Napoléon, et les Courses organisées, un peu partout, sans méthode et sans esprit de suite, ne donnèrent pas les résultats que l'introduction des idées nouvelles devait faire espérer. De cette période, on doit cependant retenir un fait assez important et intéressant pour la thèse que nous exposons : le Gouvernement, dans son absolutisme, ne s'était réservé aucun privilège; de ce désintéressement tout apparent aucune gratitude ne devait d'ailleurs lui être gardée, car les particuliers ne pouvaient alors songer à intervenir; l'initiative privée n'existait pas et ne pouvait être mise en cause; or, dans ces conditions, il était rationnel que le Gouvernement réglât les prescriptions des épreuves qu'il offrait.

Le Gouvernement de la Restauration devait continuer en la perfectionnant, l'œuvre commencée par Napoléon; un Arrêté de 1820 s'occupe des règles à imposer aux concurrents, en fixant leur âge, leur taille et les poids qui devaient leur être attribués. De cette époque, date la création de nombreux établissements pour l'élevage du pur-sang; le haras de Meudon inaugurait sa réputation par le succès de Nell, l'un de ses produits; le haras de Viroflay était fondé par M. Rieussec; la renommée de Lord Seymour commençait à poindre sur le Turf. De son côté, le Gouvernement encourageait les efforts des amateurs, et soutenait leur initiative. Le haras du Pin prenait une extension considérable sous l'habile direction de M. de Bonneval; des missions étaient envoyées en Angleterre et importaient près de 50 pur-sang dans l'espace de 10 ans; enfin un décret de 1825, classait les chevaux de courses en deux catégories : ceux nés de père et mère français et ceux nés de père et mère étrangers), et préludait ainsi à la création du Stud-Book, ou registre d'origine, relatant toutes les naissances de chevaux de pur-sang (1).

1. On comprend sous la dénomination générale de « pur-sang » les chevaux qui n'ont que des ancêtres de sang pur dans les trois générations précédentes, aussi bien du côté du père que de celui de la mère.

Cette importante innovation ne devait d'ailleurs pas se faire attendre; sous la haute protection des princes de la famille royale, sous l'impulsion intelligente d'initiatives privées, les Courses se généralisèrent avec rapidité ; le nombre des champs de courses augmenta considérablement et « des dernières années de la Restauration à 1833, 1100 propriétaires de chevaux environ, firent courir sur les divers hippodromes de France ». Les achats d'étalons d'origine pure et d'Arabes s'étaient continués, et la race indigène était dès lors assez nombreuse, pour qu'il fût nécessaire d'établir son registre matricule et de la cataloguer officiellement. Ce fut l'objet de l'Ordonnance royale du 3 mars 1833, Ordonnance qui prescrit l'établissement, au Ministère du Commerce et des Travaux Publics, d'un registre pour l'inscription des chevaux de race pure : le Stud-Book français était créé. De cette année 1833, devait d'ailleurs dater l'ère nouvelle du turf français.

Malgré tous les efforts du Gouvernement pour obtenir un résultat appréciable, malgré les progrès certainement réalisés, il y avait encore beaucoup à faire, et une comparaison avec l'Angleterre montrait aux yeux des moins prévenus notre évidente infériorité, dûe, disait-on, aux principes adoptés chez nous. Les partisans du système anglais faisaient valoir qu'en France le Gouvernement faisait tout, dirigeait tout, sacrifiait des sommes assez importantes et n'obtenait rien ; tandis qu'en Angleterre le Gouvernement laissait libre cours à l'initiative des particuliers, ne dépensait que fort peu et n'en arrivait pas moins à des résultats admirables.

Il est facile de faire remarquer que cette thèse, dans son intransigeance, n'est pas exacte, car la diversité entre les mœurs des deux pays, les coutumes différentes adoptées pour le partage des héritages ne permettent pas une assimilation complète. Mais la comparaison n'en devait pas moins porter ses fruits ; la question, ainsi mise à l'ordre du jour, suscita bien des initiatives et occasionna de nombreuses discussions ; le résultat pratique en fut la fondation de la « Société pour l'amélioration des races de chevaux en France », connue sous le nom de Jockey-Club.

Ce n'est pas le moment d'insister sur les principes qui servirent de fondement à la nouvelle Société, ni sur les idées qui présidèrent à l'élaboration de ses statuts. Nous en tenant pour l'instant à un court résumé historique de la question, nous réservons notre appréciation sur les actes de la Société d'Encouragement, et nous exposerons plus loin les services qu'elle a pu rendre à l'élevage. Retenons seulement la date de 1833, comme une date importante dans les annales du Turf.

La première journée donnée par la Société d'Encouragement eut lieu le 4 mai 1834 et comprenait deux épreuves, l'une pour poulains et pouliches de 3 ans, l'autre pour juments de 4 ans. Bientôt après, un incident fortuit, une partie de chasse offerte par le prince Lobanoff à ses amis, permit de remarquer l'heureuse disposition de la pelouse de Chantilly, et la merveilleuse élasticité de son sol ; alors Chantilly « sortit du sommeil léthargique où l'avait plongé son veuvage des grandeurs aristocratiques de Condé ». Le 24 avril 1836, est couru sur l'hippodrome de Chantilly, et pour la première fois, le prix du Jockey-Club, dont l'allocation était alors de 5.000 fr. Ces innovations n'empêchaient pas de courir très régulièrement au Champ de Mars ; le prix du Cadran (un tour et quart de piste, en partie liée), était créé le 10 mai 1838, et le 18 mai suivant, une épreuve pour chevaux de 2 ans, se disputait à Chantilly.

La création du prix de Diane en 1843, l'augmentation progressive du prix du Jockey-Club, porté à 7000 fr. en 1840, à 10.000 fr. en 1847, à 15.000 fr. en 1854 et bientôt à 20.000 fr., l'empressement chaque jour plus vif du public à se rendre sur les hippodromes, enfin l'augmentation croissante des ressources de la Société contribuèrent puissamment au développement de l'élevage, et les heureux résultats de ces transformations, se firent bientôt sentir ; le commerce, l'industrie prospérèrent, l'effectif des troupes à cheval augmenta ; le tribut que nous payions à l'Allemagne et à l'Angleterre, soit pour le nombre soit pour la qualité des chevaux, suivit d'année en année, une marche décroissante : ainsi, en 1840, nous allions chercher à l'étranger 34.030 chevaux pour la somme de 11.360.000 fr. tandis qu'en 1848 nous ne demandions plus que 16.594 chevaux que nous achetions 5.450.000 fr., si bien, disait le rapporteur d'une commission spéciale nommée en 1848, « que sous le rapport de l'amélioration de nos diverses espèces de chevaux ; et surtout de celles qui servent à la Remonte et à la Cavalerie, de grands progrès avaient été réalisés ».

Le nombre des Sociétés de province augmentait chaque jour ; en 1848, on en comptait plus d'une cinquantaine ; l'élevage du pur-sang prenait de son côté une grande extension, puisqu'en 1856 le nombre des propriétaires dont les élèves étaient inscrits au Stud-Book s'élevait à environ 600. Dans ces conditions l'hippodrome du Champ-de-Mars allait bientôt être insuffisant ; le terrain y était d'ailleurs beaucoup mieux approprié aux exercices militaires qu'aux épreuves et aux joutes de la course ; le sol s'y détrempait et à la moindre pluie devenait pâteux et profond ; s'il faisait sec, surgissait un autre inconvénient : la terre friable à la surface durcissait au fond, sans offrir d'élasticité, et les concurrents galopaient au milieu d'un épais nuage de poussière. De plus les baraques qui servaient de tribunes et d'estrades aux spectateurs étaient d'un aspect plutôt piteux et indignes d'une Capitale. Aussi, la Société d'Encouragement engagea des pourparlers avec la Ville de Paris, et obtint, après de pénibles négociations, le 23 mars 1856, la concession pour une durée de 50 ans, de 66 hectares de terrain à Longchamps. Des dépenses considérables furent faites sur le nouvel hippodrome, des tribunes furent édifiées et l'inauguration eut lieu le 27 août 1857.

Cette même année 1857, 12 journées de courses furent données par la Société d'Encouragement sur l'hippodrome de Lonchamps et sur celui de Chantilly ; le chiffre total des allocations était de 192.500 fr. mais sur cette somme 57.000 étaient donnés par l'Etat. Les succès remportés à l'étranger par les écuries françaises encouragaient nos éleveurs, et le développement des hippodromes provinciaux prouvait que l'institution des Courses était définitivement entrée dans les mœurs de notre pays.

Les courses d'obstacles, appelées à un si grand avenir, commençaient, elles aussi, à avoir du succès ; on était loin des modestes essais faits en 1834 à la Croix de Berny, et la province avait en cette matière le pas sur Paris, puisque les statistiques nous apprennent qu'en 1862, 122 steeples étaient disputés et qu'une somme de 180.000 fr. leur était affectée.

Mais, il était nécessaire de réunir toutes ces initiatives un peu éparses, d'unifier les programmes et de condenser tous les efforts vers un but précis ; ce devait être l'œuvre de la Société des Steeples-Chases, dont la fondation date de 1863. A la même époque était créé le Grand Prix de Paris, appelé à un si grand et si légitime succès ; enfin, l'année suivante (1864) la Société d'Encouragement pour l'amélioration du cheval français de demi-sang était fondée à Caen par un groupe d'éleveurs de Normandie.

Nous arrivons à l'année 1866, qui est marquée dans l'histoire des Courses par un évènement important : l'Arrêté du 16 Mars, rendu par le maréchal Vaillant, ministre de la maison de l'Empereur, sur le rapport du général Fleury, grand Ecuyer, Arrêté qui substituait l'initiative privée de chaque Société à l'initiative gouvernementale en plaçant toutes les courses, où les prix étaient donnés par le Gouvernement, sous le contrôle et la juridiction administrative d'une des trois Sociétés dont nous avons relaté la fondation.

Il est utile de s'arrêter quelques instants sur cette transformation radicale apportée à la juridiction sportive par l'arrêté du 16 Mars 1866.

Quelle était d'abord la situation en 1866 ? Toutes les Sociétés existantes s'étaient fondées librement, et en matière de Courses, l'Administration n'avait sur ces Sociétés aucun pouvoir. La part donnée en prix par les Sociétés privées, était bien distincte de celle offerte par le Gouvernement ; pour la règlementation, la même distinction existait ; d'un côté la compétence des Commissaires des Courses ; de l'autre, le règlement de l'Etat appliqué par les Commissaires administratifs. Or, dans la même journée, des prix donnés par l'Etat et des prix offerts par les Sociétés étaient également disputés, et l'application simultanée de règlements différents pouvait amener des malentendus et des froissements entre Commissaires.

L'Arrêté du 16 mars 1866 remédie très heureusement à l'état de choses existant. Le Gouvernement sans modifier en rien le caractère privé des trois Sociétés mères, fait siens leurs règlements, et à la place de l'Etat, qui renonçait ainsi à toute juridiction administrative, les Commissaires nommés par le Grand Ecuyer, sur la proposition des diverses Sociétés, ou par délégation, par les Sociétés elles-mêmes et choisis dans leur sein, étaient pour tous les prix investis du droit « de juger désormais toutes les questions sans appel ».

Pour assurer son indépendance absolue, la Société d'Encouragement, avait, quelques mois avant l'Arrêté de Mars, déclaré à l'Etat qu'elle n'avait plus besoin de son concours, et l'Administration avait immédiatement accepté une renonciation qui lui permettait de réaliser une économie annuelle de 87.000 francs.

Ainsi donc, la situation était bien nette et l'Arrêté du 16 mars 1866 ne laissait planer aucune équivoque. L'Etat reconnaissait la compétence et l'autorité de la Société d'Encouragement (et par suite des deux autres grandes Sociétés, alors de création récente) et choisissait, pour les prix qu'il offrait, les règlements que les Sociétés avaient édictés pour leurs allocations propres. Mais les Sociétés n'étaient, il est important de le faire remarquer, investies d'aucune mission par le Gouvernement ; elles restaient Sociétés privées, et comme telles, absolument maîtresses de la police de leurs hippodromes, et conservant le droit d'y faire ce que bon leur semblait. L'autorité dont jouirent les Sociétés-mères fut une autorité toute morale, car libres elles-mêmes, elles devaient respecter la liberté des nombreuses Sociétés provinciales, qui pouvaient adopter des règlements tout différents.

Ceci bien établi, il nous reste à montrer, par quelques faits, comment jusqu'en 1891, les Sociétés usèrent de leur liberté, quels progrès elles réalisèrent, et à signaler les services rendus par elles à l'élevage.

De 1866 à 1870, le nombre des réunions augmenta sensiblement, et les sommes affectées en prix s'élevèrent à un chiffre inconnu jusqu'alors. L'impulsion était surtout vive pour les courses d'obstacles, car en 1869, 324 steeples-chases furent disputés et une somme de 580.000 fr. leur était consacrée.

Les évènements de 1870 marquèrent nécessairement un temps d'arrêt dans le développement progressif des Courses ; la Société d'Encouragement interrompit ses opérations pour ne les reprendre qu'en 1872 ; la Société des Steeples se trouva, de fait, dissoute sans l'être officiellement, et le bail passé avec la Ville sept ans auparavant, résilié de consentement mutuel ; mais elle devait se reconstituer en 1873, passant alors un second bail avec la Ville pour la location d'un nouvel hippodrome à Auteuil, aux lieu et place de celui de Vincennes, abandonné.

Les conséquences de nos désastres se firent sentir fort peu de temps et dès 1872, 1.707.385 fr. étaient déjà distribués en prix dont : 1.243.410 fr. en courses plates, 261.700 fr. en courses d'obstacles et 201.345 fr. au trot. En 1874, le montant des allocations offertes par la Société d'Encouragement était redevenu le même qu'en 1869 ; cette même année 1874, quatorze réunions étaient données à Auteuil avec 150.000 fr. de prix ; de son côté, la Société du demi-sang augmentait ses subventions aux hippodromes de province.

Il serait long et fastidieux d'énumérer toutes les améliorations, toutes les augmentations ou d'épreuves ou de subventions qui marquèrent la période de 1875 à 1891. Contentons-nous de signaler les évènements les plus importants.

En 1876, le prix du Jockey-Club est élevé à 50.000 fr. ; en 1879, la Société du demi-sang loue à la ville de Paris l'hippodrome de Vincennes, et adjoint à ses programmes des épreuves de galop et d'obstacles, pour chevaux de pur-sang. En 1881, est fondée la Société *sportive* d'Encouragement, qui, succédant à la Société des champs de Courses réunis, adopte d'une manière complète les règlements de la Société d'Encouragement et ceux de la Société des Steeples-Chases. L'année 1882 est marquée par la création de la Société de Sport de France qui s'installe à Fontainebleau puis bientôt à Achères. Cette même année 1882, la Société d'Encouragement, simple association de fait, régularise sa situation et devient une société civile comprenant vingt membres fondateurs et des membres adhérents.

Toutes ces Sociétés nouvelles, grâce à l'affluence chaque jour plus grande de spectateurs, se développèrent avec rapidité, augmentèrent leurs allocations concurremment avec les vieilles Sociétés qui, elles non plus, ne restaient pas inactives, et la situation en 1890-1891 (années qui marquent le terme de l'ancien régime) est excessivement brillante si on l'envisage du moins au point de vue des sommes distribuées et du nombre de réunions. Résumons par quelques chiffres cette situation, pour montrer combien rapides et nombreux avaient été les progrès réalisés.

Le nombre des hippodromes s'était considérablement augmenté : de 190 en 1883, il était passé à 268 en 1889 et à 280 en 1890 ; constatation très probante qui montrera l'importance chaque jour plus grande prise par les Courses dans notre pays, sans qu'il soit nécessaire pour expliquer ce développement d'invoquer la question de jeu, très secondaire, chacun le sait, sur les hippodromes de province.

La Société d'Encouragement avait augmenté sa dotation annuelle dans des proportions considérables : De 1.200.000 francs en 1880, cette dotation était passée à 1.724.000 fr. en 1885, et en 1890 elle atteignit le chiffre de 2.300.000 fr. dont 445.000 fr. étaient accordés aux courses de province.

Toutes les autres Sociétés avaient suivi la même marche ascendante, et à la fin de la période qui nous occupe, les prix offerts par les Sociétés s'élevaient à 5.936.830 fr. et ceux donnés par le Gouvernement à 460.800 fr. (1).

Nous pourrions multiplier ces citations et invoquer encore des exemples basés sur des données certaines, mais la démonstration nous semble amplement faite, et ce serait fatiguer inutilement l'attention que d'accumuler des faits qui ne nous apprendraient rien de nouveau.

1. Rapport de M. Riotteau à la Chambre des Députés, annexe au procès-verbal de la séance du 30 avril 1891.

Notre conclusion de cet exposé historique sera très brève : nous avons résumé, aussi exactement que possible, le développement progressif des Courses dans les différentes périodes qui précédèrent le vote de la loi de 1891. Nous avons été amenés à constater par la seule énumération des faits et en réservant, pour plus tard, toute appréciation personnelle, comment les Courses avaient réussi à s'implanter dans nos mœurs, quels progrès elles avaient faits chez nous, et de cette étude, nous aurons acquis la conviction que l'institution suivit une évolution sûre et raisonnée sans à coups ni recul, arrivant au succès par l'excellence des principes, sur laquelle elle reposait.

Il ne devait pas en être toujours ainsi, et avec la crise de 1891 nous touchons à la période contemporaine dont l'étude est le but principal de ce travail. L'organisation du pari mutuel et l'autorisation légale qui lui a été accordée, les avantages et les inconvénients de la nouvelle institution, les discussions auxquelles elle a donné lieu aussi bien dans son principe que dans ses applications, l'emploi des ressources qu'elle a mises à la disposition de l'Administration, et les résultats qu'elle a donnés jusqu'à ce jour, telles sont, pour ne citer que celles-là, les questions principales soulevées par la Loi de 1891.

Sur tous ces points, la connaissance historique des faits ne suffit plus, il faut, à tout le moins, marquer quelquefois ses préférences personnelles.

Il semble que, de la lecture des documents nombreux et contradictoires publiés sur ce sujet, en même temps que de l'observation quotidienne, on puisse tirer un enseignement et arriver à se faire une conviction. Tel a été du moins le but de nos efforts ; nous les complèterons en exposant sincèrement notre opinion avec le léger espoir de la faire partager à quelques-uns.

II

LOI DE 1891

Etat de la Législation antérieure. Evènements qui provoquèrent le vote.

A

Pour beaucoup de personnes la Loi de 1891, plus connue sous la dénomination de loi Riotteau (du nom de son honorable rapporteur devant la Chambre des Députés) est la loi qui a définitivement organisé en France le Pari-Mutuel.

Cette idée, que certains se font de la Loi de 1891, est loin d'être complète, et de plus n'est pas parfaitement exacte :

Elle n'est pas complète, parce que la loi précitée qui comprend 5 articles ne traite de la question des paris que dans ses articles 4 et 5, alors que les trois premiers concernent l'organisation des Sociétés de Courses, qui sont, par la Loi de 1891, soumises à un régime nouveau.

Elle n'est pas complètement exacte parce que l'art. 5, qui seul parle du pari mutuel, reconnaît à ce pari mutuel et sous certaines conditions une existence légale, s'en remettant pour les détails d'organisation à un Décret qui devait être rendu postérieurement sur la proposition du Ministre de l'Agriculture.

Ce Décret est devenu le Décret du 7 juillet 1891 ; il est le complément de la Loi du 2 juin et nous l'étudierons en même temps qu'elle.

B

ÉTAT DE LA LÉGISLATION ANTÉRIEURE

En ce qui concerne le régime auquel étaient soumises les Sociétés de Courses, antérieurement à la loi de 1891. un long développement ne sera pas nécessaire. Nous avons déjà vu que ces Sociétés étaient complètement libres et indépendantes; les ouvertures d'hippodromes n'étaient soumises à aucune condition d'autorisation préalable, ni de contrôle ; le but qu'elles poursuivaient, s'éloignait quelquefois de l'amélioration de la race, pour se rapprocher des intérêts pécuniaires des organisateurs ; et si, dans la pratique, une grande partie des Sociétés de province communiquaient leurs statuts au Ministre de l'Agriculture, et soumettaient leur programme à son approbation, c'est parce qu'elles sollicitaient en même temps du Gouvernement l'allocation de prix annuels. Ainsi donc régime d'indépendance complète et de liberté absolue ; sur ce point aucune discussion possible.

En était-il de même en ce qui concernait les paris ? Sur ce point la législation antérieure à la loi de 1891 était-elle suffisamment explicite et la Jurisprudence constante ? Nous n'aurions garde de l'affirmer.

Deux de nos prédécesseurs à l'Ecole de Droit MM. Henri Lenoble et Jacques Cellier ont récemment soutenu devant la Faculté de Paris chacun une thèse sur la *Réglementation des Paris aux Courses, considérés au point de vue civil et pénal.* Il ne nous appartient pas dans cette étude, toute d'Economie rurale et financière, de revenir sur un point complètement traité et avec force documents à l'appui. Cependant, quelques détails sur la législation antérieure à 1891 semblent nécessaires pour la compréhension de notre travail sur la loi du 2 juin. Nous donnerons ces détails aussi brefs que possible.

Les paris aux Courses peuvent se présenter sous plusieurs formes différentes :

La *poule ou pari au chapeau* qui est un véritable jeu de hasard, puisqu'il consiste pour chaque joueur à extraire d'un chapeau, moyennant un enjeu fixé à l'avance, un numéro correspondant à un de ceux sous lesquels les chevaux sont indiqués sur le programme. Le total des mises appartiendra à celui qui aura retiré du chapeau le numéro du cheval gagnant.

Le *pari mutuel ou totalisateur.* Chaque joueur choisit un cheval et reçoit en échange de la mise qu'il verse entre les mains de l'employé, un « ticket » sur lequel sont inscrits le numéro du cheval choisi, le numéro de la course et le nombre de tickets déjà délivrés sur le cheval dont le numéro est indiqué. Si le cheval est vainqueur, le parieur partage la totalité des sommes engagées, déduction faite du prélèvement, avec tous les joueurs qui ont misé sur le même cheval.

Le *pari à la cote* ou pari individuel se traite avec le « bookmaker » qui joue contre la chance du cheval que vous lui demandez, et qui vous donne ce cheval à une « cote », variable suivant les chances généralement reconnues au cheval demandé, ou pratiquement, suivant l'importance des sommes engagées par d'autres parieurs vis-à-vis du même « bookmaker », sur le cheval en question.

Le Pari au Livre, qui n'est qu'une variété du pari à la cote, dont il diffère par ce fait que le « bookmaker » joue avec des parieurs qu'il connaît, dont il n'exige pas le versement immédiat des fonds engagés, les différences en plus ou en moins devant se régler plus tard. En pratique, ces différences se règlent après la dernière épreuve de la journée ou à la fin de la semaine, au Salon des Courses ou Chambre de paris (1). Le « bookmaker » a consigné sur un livre tous les paris faits par ses clients au cours de la semaine ; chaque joueur de son côté inscrit généralement sur un carnet tous les paris qu'il a pu engager avec les différents « bookmakers ».

Voyons maintenant comment ces formes variées de pa-

1. Autorisé par un arrêté du préfet de police de 1862. Le 4 mars 1887, le Comité des Courses de la Société d'Encouragement déléguait toutes ses attributions concernant les paris au Comité du Salon des Courses.

ris furent traités par la jurisprudence, dans la période qui précéda le vote de la Loi de 1891.

En ce qui concerne les « *poules* », la discussion devait être courte et leur sort bientôt réglé. A l'organisation d' « agences de poules » dont le matériel était transporté dans de grandes voitures, où le tirage se faisait publiquement au moyen d'un mécanisme tournant, « le Tribunal correctionnel de la Seine par jugement du 8 avril 1869, et la Cour d'appel de Paris, par Arrêté du 4 juin de la même année, répondirent en déclarant que les « poules » qui fonctionnaient ainsi par le tirage au sort, devaient être assimilées aux loteries prohibées par la Loi de 1836. »

Le Pari Mutuel ne pouvait voir son sort aussi promptement réglé, car il n'existait pas à son égard de dispositions formelles de la Loi. Le Parquet s'avisa en 1869 de poursuivre les Directeurs de paris mutuels, en même temps que les Directeurs des agences de poules ; mais le Tribunal et la Cour estimèrent que ces établissements de paris mutuels ne constituaient pas des loteries, ni même des jeux de hasard et ne tombaient pas sous le coup de la loi de 1836 ni des articles 410 et 475 du Code pénal.

Ces décisions eurent pour effet d'encourager les directeurs d'établissements de paris mutuels ; cette sorte de pari prit une extension énorme, et des agences comme celles d'Oller, réussirent à faire en une seule année plus de 100.000 fr. de bénéfice net (1).

Le Parquet se décida à poursuivre une seconde fois,

1. Rapport de M. St Luc Courborieu à la Cour de Cassation.

et l'agence Oller déférée le 27 août 1874 au tribunal correctionnel fut condamnée ; aux termes du jugement « la « poule, le pari mutuel simple ainsi que le pari de com- « binaison sont des jeux de hasard et constituent des opé- « rations assimilables à la loterie. » (1).

La Cour de Paris confirmait cette doctrine dans son Arrêt du 31 décembre 1874 ; et la Cour de Cassation la déclarait conforme à la loi (2). Le Pari Mutuel était donc bien considéré comme illicite.

Restait le *pari individuel ou pari à la cote* auquel on n'avait pas cru pouvoir attribuer le caractère d'un jeu de hasard. La suppression des Agences de Mutuel devait grandement favoriser l'industrie des « bookmakers », qui entra dans une ère de brillante prospérité.

La jurisprudence essaya bien d'atteindre le pari individuel, et elle arriva à faire une distinction entre parieurs ignorants et parieurs familiarisés avec les courses de chevaux pour lesquels le jeu n'est pas un pur hasard. « Ce n'était plus alors la nature même du jeu qui déter- « minait le caractère délictueux ou licite du pari à la « cote, mais la personnalité des joueurs qu'il fallait « prendre en considération » (3).

Ainsi, après avoir posé en principe qu'il existe deux catégories de parieurs, les uns éclairés, les autres igno-

1. Trib. Correct. de la Seine, 27 Août 1874. Dalloz. 167. 2. 92.

2. Cassation criminelle, 16 Juin 1875. Dalloz. 1875. 1. 445.

3. H. Lenoble. *Les Courses de chevaux et les paris aux Courses*, p. 243.

rants, que le jeu pratiqué par les premiers est seul licite, la jurisprudence arrivait à un système dont la conséquence ne tendait rien moins qu'à renverser le fardeau de la preuve, et à forcer les « bookmakers » à démontrer qu'ils avaient parié avec des joueurs au courant des habitudes sportives.

Sans nous arrêter à critiquer cette manière de voir. nous considérerons seulement la conséquence pratique que l'Administration tira de la distinction fondamentale établie par la Cour de Cassation (1). Supposant *a priori* que les joueurs du pesage étaient des joueurs éclairés, l'autorité administrative toléra ouvertement l'exercice de l'industrie des « bookmakers » dans l'enceinte du pesage ; mais cette tolérance s'étendit bientôt du pesage au pavillon, du pavillon à la pelouse et les opérations des « bookmakers » purent se développer, interrompues quelquefois par de rares poursuites, visant les petits industriels, poursuites qui aggravaient encore la situation en faisant régner l'incertitude sur l'étendue des droits de chacun.

Quoi qu'il en soit la clientèle des « bookmakers » augmenta dans des proportions inquiétantes ; nos industriels prirent l'habitude de se tenir dans un endroit déterminé pour que leurs clients puissent les retrouver aisément, mais parmi les places adoptées, raconte un auteur (2), les unes étaient bonnes, les autres mauvaises et elles ne tardèrent pas à être chaudement disputées. Comme

1. Cassation, 3 décembre 1880. Dalloz. 1889.1.81.

2. Villa A'Roygio, p. 107 et suiv.

il était naturel que la meilleure appartint au premier occupant, on vît les « bookmakers » passer la nuit dans les buissons du Bois de Boulogne, afin de se trouver les premiers, de grand matin, aux portes d'entrée. Aussitôt après leur ouverture, ils s'élançaient de toute leur vitesse vers l'endroit assigné au « betting », et le premier arrivé occupait de fait, sinon de droit, le meilleur emplacement.

Un sieur Regimbaud eut une idée ingénieuse : il planta sur tous les hippodromes des piquets, supportant un grand parasol bleu; au-dessous un banc surélevait le crieur de la « cote » qui inscrivait cette cote à la craie sur un tableau-pancarte suspendu au piquet. Derrière ce piquet, un employé du « bookmaker » notait les paris sur un registre, tandis que les clients recevaient en échange de leur argent, un « ticket » portant le nom du cheval, le montant de la somme engagée, et la « cote » à laquelle elle avait été engagée. Le revenu total des installations atteignait un million et malgré les prix énormes de location payés par les « bookmakers », leur industrie était des plus prospères; on raconte (1), qu'un bon piquet à Longchamps ou à Auteuil rapportait à son locataire quinze ou dix-huit cent mille francs nets, sans compter quatre ou cinq cent mille francs qu'on oubliait de lui payer.

Tel était le régime auquel était soumis le pari à la cote. Quant au *pari au livre*, il ne pouvait en être beaucoup

1. Laffon. *Mœurs actuelles du Turf.*

question, les bookmahers, préférant, puisqu'ils en avaient la liberté, régler immédiatement leurs opérations.

Mais la situation des « bookmakers » très lucrative, mais aussi très indécise, ne pouvait indéfiniment durer ; survinrent quelques événements qui hâtèrent la solution et qui amenèrent le vote de la loi de 1891.

C

Au nom d'une Commission chargée d'étudier la question des paris et des fraudes, M. de la Rochette avait adressé en 1885 au Ministre de l'Agriculture un rapport dont les conclusions tendaient à la suppression des paris à la cote, comme dangereux, immoraux et susceptibles de fausser les épreuves. Mais ce rapport serait vraisemblablement resté lettre morte, si une demande adressée au Conseil Municipal de Paris ne lui avait donné un caractère d'actualité.

En effet, un nommé Versejoux avait proposé à la Ville de Paris, propriétaire du terrain de Longchamps, de lui payer une redevance annuelle de six cent mille francs, pour avoir l'autorisation d'établir et de louer aux « bookmakers » les piquets dont nous avons déjà parlé. La Commission du budget du Conseil Municipal répondit par un refus et proposa même d'interdire les jeux sur les champs de courses parisiens.

Malgré les protestations des Sociétés de Vincennes et des hippodromes suburbains, et même de celle d'Auteuil, dont le président M. de Sagan admettait pourtant le principe d'une réglementation, les conclusions du rapport de M. de la Rochette allaient bientôt être adoptées par le Gouvernement. En effet, le préfet de la Seine faisait aux Sociétés sommation d'avoir à interdire la pose des piquets sur les champs de courses loués par la Ville de Paris et par une circulaire en date du 16 mars 1887, M. Goblet, alors Ministre de l'Intérieur, invitait les préfets à défendre toute espèce de paris sur les courses de chevaux.

Les résultats de cette intervention administrative ne devaient pas longtemps se faire attendre, et en quatre jours le chiffre des entrées sur les hippodromes de la Seine, baissa de plus de 100.000 francs. C'était la disparition des Courses à bref délai. Alors les représentants des pays d'élevage intervinrent auprès du Ministre ; de leur côté, les sociétés multiplièrent leurs efforts, et dès le 28 avril, la Société d'Encouragement obtenait un Arrêté qui l'autorisait à établir sur ses hippodromes le pari mutuel, moyennant un prélèvement de 2 0/0 au profit de l'assistance publique. Les autres sociétés bénéficièrent peu après de la permission accordée à la Société d'Encouragement.

Il ne nous appartient pas d'apprécier la légalité de ces Arrêtés où le pari mutuel est considéré comme une loterie prohibée par la loi, mais autorisée sous certaines conditions par des Arrêtés ministériels. Constatons seulement que ces Arrêtés étaient conformes à l'intérêt général, en empêchant la ruine des Courses, institution nécessaire pour l'amélioration de la race chevaline.

Voilà donc le pari mutuel installé en France ; il se développe sur les hippodromes, mais malheureusement aussi au dehors, par l'intermédiaire de ces commissionnaires qui s'engageaient à porter aux guichets, moyennant un prélèvement de 2 0/0 les sommes d'argent remises à domicile. En pratique, les commissionnaires se gardaient bien de jouer au Mutuel les sommes confiées : ils les conservaient à leurs risques et périls, se contentant de faire quelques petites couvertures et bien décidés à ne pas payer en cas de déficit trop considérable.

Les « bookmakers » étaient ainsi ressuscités sous la dénomination de commissionnaires ; Paris se transformait en un vaste tripot ; pas un marchand de vin, pas une échoppe où quelque comptoir ne soit installé pour y recevoir les sommes, si minimes fussent-elles, que bourgeois et ouvriers, concierges et collégiens versaient quotidiennement guidés par le mirage d'une fortune rapidement gagnée.

Il fallait mettre un terme à une situation qui menaçait de décupler en quelques années le nombre des vols, abus de confiance, suicides, et actes de désespoir sous leurs formes les plus variées. Un Arrêté du Ministre de l'Intérieur en date du 2 juin 1890 « interdit de participer au pari par l'entremise de mandataires au moyen de commission en dehors du champ de Courses ».

1. Art. 5 de la Loi du 21 mai 1836.

Mais cet Arrêté ne pouvait avoir aucune sanction, et lorsque les parquets s'avisèrent de poursuivre, les tribunaux rendirent des décisions contradictoires. La Cour de Cassation estima qu'il y avait dans ce genre de commission un exercice légitime du mandat (1), tandis que certains tribunaux, sans se contenter de condamner les commissionnaires, allaient jusqu'à décider que le pari mutuel, organisé par les sociétés, avec l'autorisation du Ministre de l'Intérieur, était absolument illégal (2).

Un incident, (presque identique à celui qui, survenu en 1887, avait amené par ses conséquences ultimes le régime transitoire que nous venons de décrire) allait bientôt se produire et sa conséquence dernière devait être le vote de la Loi du 2 juin 1891.

Il ne s'agissait plus cette fois d'une proposition faite au Conseil municipal par un industriel habile, désireux de réaliser de gros bénéfices, mais bien d'un projet de loi, déposé par le Gouvernement sur le bureau de la Chambre des Députés et ayant pour but de régler « la centralisation et le mode de répartition des fonds provenant des prélèvements sur le Pari-Mutuel ». Mais l'effet produit fut cependant le même qu'en 1887 : la proposition faite au Conseil municipal avait révélé les bénéfices énormes réalisés par les « bookmakers » ; le projet du Gouvernement

1. Cassation, 3 mars et 7 juin 1889. Sirey 1890, p. 237.

2. Laya. *Commentaires de la Loi sur les courses de chevaux*, paragraphe 38.

fit connaître les prélèvements très élevés que le Pari-Mutuel avait permis d'encaisser.

Comme le Conseil Municipal en 1887, la Chambre refusa de faire profiter le budget de sommes provenant du jeu, et le Ministre de l'Intérieur, fort du vote de la majorité, fit par un Arrêté de mars, disparaître des hippodromes « tous les signes extérieurs du pari mutuel et du pari à la cote ».

Tout aussitôt, les faits signalés en 1887 se reproduisirent ; les mêmes diminutions dans le total des entrées furent constatées ; les mêmes plaintes se firent entendre et les Conseils Généraux ayant été consultés, soixante-quatre sur soixante-quatorze qui examinèrent la question, émirent des vœux favorables au rétablissement des paris, reconnus nécessaires à la prospérité des Courses.

Toutes ces initiatives décidèrent le Ministre de l'Agriculture à déposer le 12 mars 1891, un projet de loi ayant pour objet de « réglementer l'autorisation et le fonctionnement des courses de chevaux ».

Ce projet de loi voté par la Chambre dans sa séance du 13 mai 1891 et par le Sénat dans celle du 1er juin est devenu la Loi du 2 juin 1891, que nous nous proposons d'étudier.

III

ÉTUDE DE LA LOI DU 2 JUIN 1891

(L'intervention de l'Etat. Les différentes applications de cette intervention).

La Loi de 1891 consacre l'intervention de l'État dans les questions chevalines ; nous passerons en revue les différentes manifestations de cette immixtion administrative, et ce point de vue spécial sera le pivot de notre Étude d'Economie rurale et financière.

Non pas que l'intervention de l'Etat soit nouvelle en ces matières, car elle s'exerçait auparavant et très-efficacement sur la production nationale par l'intermédiaire de l'Administration des Haras. Nous aurons l'occasion de traiter cette question quand nous parlerons des prélèvements que le Décret de Juillet, complément de la Loi de Juin 1891, a prescrits en faveur de l'élevage, et nous fournirons alors tous les développements que comporte un pareil sujet.

Pour le moment, nous nous en tiendrons au point de depart indiqué plus haut, et pour donner à notre étude, sur la loi de 1891, quelque clarté, nous examinerons comment l'État intervient.

a. — Dans la création des sociétés.

b. — Dans leur développement.

A

INTERVENTION DE L'ÉTAT DANS LA CRÉATION DES SOCIÉTÉS

Avant la Loi du 2 Juin 1891, les sociétés de courses nous l'avons déjà vu, n'étaient soumises à aucune réglementation ; elles pouvaient se former librement, s'organiser sans autorisation préalable et l'Administration n'exerçait sur elles aucun contrôle.

Qu'était-il résulté de cette situation ? L'exposé des motifs du projet de loi et le rapport de M. Riotteau nous l'indiquent :

« De nombreux champs de courses, disait le Ministre, « qui ne reçoivent pas de prix du Gouvernement, ont pu « s'ouvrir et s'exploiter sans approbation ni contrôle de « l'administration supérieure. La plupart des Sociétés qui « exploitent ces hippodromes sont loin de consacrer ex- « clusivement leurs ressources à l'œuvre d'intérêt général « qui a servi de prétexte à leur création.... Le nombre des « journées de courses à Paris et dans la banlieue en est « ainsi arrivé à atteindre le chiffre exorbitant de 315 en « une seule année. »

Et le rapporteur développant cette idée écrit : « A « côté des sociétés de courses fondées soit à Paris, soit « en province, soit même dans la banlieue, dans le but

« exclusif d'améliorer la race chevaline et qui consacrent « à cette œuvre l'intégralité de leurs ressources, sans « profit personnel pour aucun de leurs membres, se sont « constituées sous le nom de « Sociétés de courses » de « véritables entreprises industrielles. Quelques-unes de « ces entreprises n'ont vu surtout dans les courses de « chevaux qu'un genre de spectacle d'autant plus fruc- « tueux à exploiter qu'à l'intérêt de la course, s'ajoute « l'attrait puissant du jeu... Ainsi les réunions organisées « par les Sociétés dans la banlieue de Paris ont fini par « dépasser le nombre des séances de courses tenues par « les principales Sociétés. Les hippodromes suburbains « donnent par an 200 journées de courses environ ; Long- « champs, Auteuil et Vincennes 115. Au total, 315 jour- « nées pour Paris et sa banlieue. Or, le nombre des jour- « nées de courses pour la même région s'élevait naguère « au tiers de ce nombre (1).

Le remède à un pareil état de choses, nous le trouvons indiqué par M. le Ministre de l'Agriculture dans son exposé des motifs. Il y avait lieu : « 1° de soumettre l'ouver- « ture des champs de courses au régime de l'autorisation « préalable ; 2° d'interdire aux Sociétés fondées en vue « de la création et de l'exploitation d'un champ de courses « tout partage entre associés, ou toute attribution à des « tiers, de bénéfices ou de gains, sous quelque forme « que ce soit. »

1. Riotteau. Rapport à la Chambre des Députés. Séance du 3 avril 1891.

La loi nouvelle devait appliquer ces idées, puisque ses deux premiers articles sont conçus comme suit :

Art. 1. — « Aucun champ de courses ne peut être « ouvert sans l'autorisation du Ministre de l'agriculture ».

Art. 2. — « Sont seules autorisées les courses de che- « vaux ayant pour but exclusif l'amélioration des races « chevalines et organisées par les Sociétés dont les sta- « tuts sociaux auront été approuvés par le Ministre de « l'agriculture, après avis du Conseil supérieur des « Haras ».

Cette intervention administrative, qu'édictait la nouvelle Loi, ne rencontra que très peu d'opposition devant le Parlement; et c'est au Sénat seulement, qu'une voix se fit entendre pour défendre un régime absolument libéral.

Les articles 1, 2, 3 forment en quelque sorte l'introduction d'un nouveau droit public en France, disait M. Edmond Magnier à la tribune du Sénat, et il ajoutait : « Je « demande pourquoi cette entrave nouvelle à la liberté ? « Elle est absolument contraire à nos mœurs, elle donne « un démenti à toutes les traditions, je ne dirai pas de la « France libérale, mais à tous les principes de la Répu- « blique » (1).

Dans son rapport à l'Empereur, du 16 mars 1866, le Général Fleury avait, avant M. Magnier, défendu les principes libéraux en matière de sociétés de courses, en montrant les bienfaits de l'initiative particulière, et en récla-

1. Discours de M. Magnier au Sénat. Séance du 29 mai 1891.

mant l'application, à notre matière, du principe de décentralisation.

Aussi le sénateur du Var reprochait-il à ses collègues d'être moins libéraux que ne l'était le Général Fleury, de vouloir « ressusciter le grand Ecuyer de France, et de « faire du Ministre de l'Agriculture sous la République le « Grand Maître de l'Université sportive ».

Malgré ces spirituelles critiques, les articles 1 et 2 furent votés par le Sénat ; ils sont devenus les deux premiers articles de la loi du 2 juin 1891.

Voyons donc quelles formalités, les Sociétés de courses doivent remplir sous l'empire de la nouvelle Loi.

Il faut d'abord que la Société fasse autoriser son existence. A cet effet, elle adresse une demande au Ministre de l'Agriculture, et à l'appui de sa demande, elle fournit : 1° ses statuts ; 2° la liste de ses membres ; 3° l'état ou le bilan de ses ressources pécuniaires.

Si cette Société veut ensuite ouvrir un champ de courses, elle doit joindre à sa demande : 1° Une copie de l'Arrêté qui a autorisé son existence ; 2° un plan des lieux où elle se propose d'établir le champ de courses ; 3° l'avis du Conseil Municipal de la commune où le champ de courses doit être établi ; 4° un état indiquant la nature des courses, ainsi que le montant des sommes que la Société se propose d'affecter pour les récompenses à décerner annuellement ; 5° l'avis de l'inspecteur départemental des Haras ; 6° enfin, s'il y a lieu, le chiffre des subventions promises par le Conseil Général du département et par le Conseil municipal de la commune où l'on se propose de créer l'hippodrome.

Ces demandes, transmises au Ministère par l'intermédiaire du Préfet qui donne son avis, sont communiquées à l'Inspecteur général des Haras de la circonscription, puis au Conseil supérieur des Haras, sur le rapport duquel le Ministre statue, par un Arrêté, qui est notifié au Préfet du département, à l'Inspecteur général de la circonscription, à la Société, et s'il s'agit d'ouverture d'hippodrome, au Maire de la commune sur laquelle le terrain est situé.

L'énumération de toutes ces formalités montre combien est stricte et complète l'intervention administrative pour la création des Sociétés de courses et l'ouverture des hippodromes. C'est une « dictature ministérielle » (1) substituée à un régime de liberté. En effet, le Ministre de l'Agriculture est seul juge de la question; car la loi dit bien que l'avis du Conseil supérieur des Haras sera demandé, mais elle ne dit pas que le Ministre sera obligé d'en tenir compte, le texte ne portant pas après avis « conforme » du Conseil supérieur. Il en résulte que tout ce qui touche le régime des courses en France est entre les mains du Ministre de l'Agriculture. « Désormais, « disait M. Camescasse, dans son rapport au Sénat, les « courses ne seront plus seulement une récréation, une « attraction, mais elles prendront le caractère d'expé- « riences d'intérêt général tentées en public », et l'honorable sénateur aurait pu ajouter : le Ministre de l'Agri-

1. Ed. Magnier, *op. citée.*

culture aura la libre appréciation de l'opportunité de ces expériences, de ces « courses d'Etat. »

Il est cependant un point sur lequel le pouvoir du Ministre est restreint, comme l'indique la rédaction de l'article 2 ajoutée aux discussions parlementaires qui précédèrent le vote de la Loi. L'article 2 spécifie que « les courses doivent avoir pour but l'amélioration de la race chevaline », et des discussions parlementaires, il résulte que les organisateurs des Sociétés de courses doivent n'avoir aucun but intéressé et ne peuvent prendre part à aucun partage de bénéfices.

Ainsi le Ministre ne pourrait donner son autorisation à une Société qui se proposerait de prélever sur ses recettes un bénéfice destiné à être réparti entre ses membres.

Mais cette restriction faite, l'appréciation du Ministre reste entière et à ce point de vue spécial, son pouvoir n'est pas limité par la loi. En effet, le Ministre pourra exiger dans les statuts l'insertion ou d'une clause, aux termes de laquelle toutes les ressources d'une Société, déduction faite des dépenses nécessaires, seront exclusivement affectées à la distribution de prix ; ou de toute autre condition utile pour assurer la sincérité du but exclusif que les Sociétés doivent avoir en vue : l'amélioration de la race chevaline.

S'il résulte de la loi de 1891, pour les Sociétés de courses autorisées, l'interdiction absolue de répartir des bénéfices entre leurs membres, on doit se demander quelle est la personnalité juridique de ces Sociétés. Elles ne peuvent, en effet, être considérées comme de véritables sociétés civiles, puisque l'art. 1832 du Code Civil tient la société comme « un contrat par lequel deux ou plusieurs « personnes conviennent de mettre quelque chose en « commun, *dans la vue de partager le bénefice qui pourra « en résulter.*

Sans vouloir relater toutes les discussions concernant la capacité juridique des Sociétés de Courses et faire une étude inutile après le travail très complet de M. Lenoble (1), nous nous contenterons de citer un Arrêt de principe, très important, rendu, sur Conclusions conformes, prises par M. l'Avocat Général Cruppi, par la Cour de Cassation à la date du 2 janvier 1894.

L'argumentation de la Cour de Cassation peut se résumer comme suit, écrit M. Lenoble :

« En principe, les associations formées dans un but « d'intérêt général, lorsqu'elles ont obtenu l'approbation « du pouvoir administratif, trouvent, tant dans la nature « de leur objet que dans cette adhésion de l'autorité pu« blique, une individualité propre, qui les rend idoines à « fonctionner dans l'ordre de l'entreprise déterminée par « les statuts et par suite, à soutenir les procès qui s'y « rapportent ; mais elles ne peuvent acquérir ainsi la vé« ritable personnalité civile réservée aux seuls établisse« ments reconnus par l'Etat, leur permettant d'être gra« tifiées par testament.

« Spécialement, les Sociétés de courses approuvées par

1. H. Lenoble. *Les Co rses de chevaux et les paris aux Courses.*

« l'Administration, mais ne réunissant pas les caractères « des sociétés civiles, ne sont capables de recevoir des « libéralités par donation ou par testament, que dans les « cas où elles ont été reconnues d'utilité publique par une « loi ou par un décret rendu au Conseil d'Etat ».

De cet exposé de la situation nouvelle faite aux Sociétés de courses par les art. 1 et 2 de la loi de 1891, il résulte que ces Sociétés sont en tutelle administrative et que la nécessité d'une autorisation, l'obligation de faire approuver des statuts conformes aux indications de la loi, sont les premières manifestations de ce régime d'autorité.

La commission nommée par la Chambre des députés pour examiner le projet de loi aurait voulu aller encore plus loin dans la voie de l'intervention, en imposant aux Sociétés de courses, l'obligation de faire approuver leurs programmes par l'Administration et de se soumettre à une réglementation générale édictée par le Ministre de l'Agriculture.

Mais l'honorable M. Develle n'accepta pas cette addition à l'art. 2 ; il estimait qu'il était inutile et même dangereux d'étendre l'exercice de la tutelle administrative dans les moindres détails de l'organisation, de la réglementation et du fonctionnement technique des Courses. « Aller « au delà des prescriptions de l'art. 2, imposer à des œu« vres d'initiative privée, qui ont fait leur preuve, la « tyrannie d'un programme technique officiel, serait, écri« vait le Ministre, une entreprise de centralisation admi« nistrative inutile, susceptible même de décourager les

« bonnes volontés et les concours désintéressés ».

Pour apprécier la valeur des modifications apportées, il est utile d'étudier maintenant les faits qui se sont déroulés depuis le vote de la Loi; nous verrons si l'intervention de l'autorité administrative a donné de bons résultats, et si l'application pratique a répondu aux espérances des législateurs.

Si nous nous reportons aux discussions parlementaires qui précédèrent le vote de la loi, nous voyons que les prescriptions des deux premiers articles avaient pour but de diminuer le nombre des hippodromes en même temps que celui des journées de courses données sur ces hippodromes et d'enrayer ainsi la passion du jeu. Le rapporteur du projet de loi à la Chambre, l'honorable M. Riotteau, après avoir cité des chiffres très probants (1) estimait que « l'élevage n'était pas réellement intéressé à ce « développement abusif des courses ; il y voyait la cause « principale de l'accroissement constant du nombre des « parieurs et de la passion du jeu ».

Voyons, si sur ces points spéciaux, la Loi, dans son application, a abouti à un résultat pratique.

S'il fallait s'en tenir aux seules données de la statistique (2

1. 315 journées par an pour Paris et la banlieue.

2. Nombre d'hippodromes autorisés au cours des années qui suivirent le vote de la loi de 1891 :

1. 1891. . .	277	1895. . .	288
1892. . .	276	1896. . .	302
1893. . .	280	1897. . .	311
1894. . .	284	1898. . .	325

et aux rapports officiels publiés par l'Administration des Haras, nous serions obligés d'avouer que la nouvelle Loi a produit un effet absolument contraire à celui que l'on en attendait, puisque, après une période presque stationnaire (de 1891 à 1894), le nombre des hippodromes a augmenté dans des proportions très sensibles. Mais les chiffres n'ont qu'une valeur tout à fait relative, et, en la matière, il faudrait bien se garder de tomber dans le pessimisme qu'ils semblent nous suggérer.

Si nous nous attachons, en effet, à l'examen des statistiques annuellement publiées, nous y verrons que tous les hippodromes récemment créés sont des hippodromes de province. Or, pour qui connaît un peu les habitudes sportives, une augmentation dans ces conditions ne peut présenter aucun inconvénient. Les réunions hippiques ne sont dans les départements que des fêtes locales, très propres à favoriser le commerce, où la question spectacle joue le plus grand rôle, tandis que seuls, quelques parieurs risquent de modestes sommes pour s'intéresser aux épreuves. La profession de « bookmaker » en province n'est pas lucrative, et ceux qui s'y adonnent, sont gens généralement peu fortunés. Quant au pari mutuel, il n'obtient dans la majorité des localités qu'un succès très-modeste ; les sommes engagées y sont bien minimes et la mise de 5 fr., insuffisante pour effrayer des joueurs de profession, est assez élevée pour arrêter les ouvriers qui seraient tentés de risquer leurs salaires.

Les législateurs de 1891 ne visaient d'ailleurs qu'incidemment les courses de province, et les effets de la nouvelle Loi devaient, dans leur pensée, se faire surtout sentir à Paris et dans la banlieue.

Or dans cette région, bien limitée, le nombre des hippodromes a-t-il augmenté ? C'eût été assez difficile ; mais il n'a pas non plus diminué. Enghien a remplacé La Marche, avec un nombre de journées bien supérieur il est vrai, mais ces journées étaient retirées aux autres hippodromes de la Société Sportive. Colombes a remplacé Achères ; l'an prochain La Fouilleuse remplacera Neuilly Levallois.

Quant aux journées de courses, il semble bien que l'on soit resté dans le *statu quo*. Pendant la période d'hiver qui s'étend du 15 décembre au 15 février, on ne court pas à Paris ; pendant le mois d'août, toute l'agitation sportive se transporte en Normandie ; ces deux époques sont précédées de quelques jours inoccupés, mais tout le reste du temps, à part quelques rares samedis, il y a courses à Paris ou dans la banlieue. Sur ce point donc, la loi n'apporte aucune modification bien sensible et l'augmentation des recettes du Pari Mutuel que nous signalerons plus loin, nous permet d'affirmer que l'intervention législative n'a diminué en rien le développement du jeu aux Courses.

Ainsi donc, en ce qui touche la diminution du nombre des hippodromes et des journées de Courses, que le législateur de 1891 semblait vouloir réaliser, aucune modification importante n'est survenue, et la nouvelle Loi a été d'une parfaite inutilité.

Fort heureusement, il n'en a pas été de même sur tous les points et les inconvénients signalés par le Rapporteur de 1891 dans la gestion des Sociétés, ont en grande majorité disparu. Le Ministre de l'Agriculture, avant d'accorder les autorisations sollicitées, a pris soin d'examiner le but poursuivi par les organisateurs, pour voir si toute pensée de bénéfices et d'intérêt personnel en était exclue et lorsque l'Administration a pu se convaincre que la spéculation était seule en jeu, elle a impitoyablement refusé son *visa*. C'est ainsi qu'en 1892, le Ministre, d'accord avec le Conseil supérieur des Haras, ne donna pas son autorisation aux Sociétés de Colombes et d'Achères, bien que leurs statuts fussent, pour la forme, copiés sur ceux des grandes Sociétés. Il en fut de même de l'hippodrome de Neuilly-Levallois qui resta fermé pendant une année ; l'opposition administrative avait pour but de forcer à apporter quelque clarté dans une comptabilité inextricable, et aussi de mettre fin aux scènes de désordre qui, presque régulièrement, marquaient les journées de Courses. La « bande noire », familière aux initiés du trotting, multipliait ses tripotages, et les résultats, chaque fois déconcertants de quelques épreuves à réclamer, ne manquaient pas de soulever les justes protestations du public. Inutile d'ajouter que ces mœurs sportives, qu'on ne saurait trop blâmer, ont disparu depuis que Neuilly-Levallois est administré par la Société du Demi-sang.

Les prescriptions de la Loi de 1891, stipulant l'intervention administrative dans la fondation des Sociétés de

Courses, n'ont donc pas été complètement inutiles ; si le nombre des hippodromes, et celui des réunions données sur ces hippodromes n'a pas diminué, du moins l'on s'est assuré du but poursuivi par les organisateurs, et les Sociétés ayant à leur tête des exploiteurs de courses, ont complètement disparu.

Mais l'autorisation du Ministre, quoique toujours révocable, a semblé devoir être une mesure insuffisante, et le législateur de 1891, après avoir imposé l'estampille officielle pour la fondation des Sociétés, a institué l'intervention administrative dans la gestion de ces Sociétés. Sur ce point, le contrôle devait encore être plus strict, car les Sociétés voyaient par l'art. 5 de la Loi nouvelle s'adjoindre à leur budget spécial toute la comptabilité résultant de l'organisation légale du Pari Mutuel.

Nous arrivons ainsi à l'étude de l'intervention de l'Etat dans le développement des Sociétés de Courses ; c'est le second point visé par la Loi de 1891. Nous serons obligés de traiter ce second point beaucoup plus longuement, car les prescriptions de l'art. 5 de la Loi, complétées par le décret du 7 juillet et touchant les prélèvements en faveur de l'élevage, nous amèneront à parler non plus seulement de l'intervention de l'Etat en matière de Courses, mais aussi en matière d'Elevage.

B

De l'intervention de l'Etat dans la gestion des sociétés des course et dans leur développement.

« L'Article III de la Loi du 2 Juin 1891 est ainsi conçu. « Le budget annuel et les comptes de toute Société de courses sont soumis à l'approbation et au contrôle des Ministres de l'Agriculture et des Finances. »

L'article VI du Décret du 7 Juillet 1891 complète le précédent « Les Sociétés de courses autorisées en exécution de la loi du 2 Juin 1891 et du présent décret sont placées, au point de vue de leur gestion financière et des opérations du pari mutuel, sous la surveillance et le contrôle de l'inspection générale des finances, qui peut se faire représenter les registres, pièces comptables et tous autres documents qu'elle jugera nécessaires aux vérifications ci-dessus visées ».

De l'ensemble de ces deux articles, il résulte que, sous l'empire de la Loi de 1891, la comptabilité générale des Sociétés de courses était soumise au contrôle de l'Administration, sans qu'il fût possible de différencier nettement les fonds, provenant du pari mutuel, des recettes encaissées par les sociétés, comme entrées, cotisations de sociétaires, etc.....

Cette confusion possible devait amener des abus et des réclamations s'élevèrent bientôt. Elles eurent leur écho à la Chambre des Députés à la séance du 5 Décembre 1895 et le Ministre d'Agriculture d'alors, l'honorable M. Viger, prit l'engagement de nommer une commission qui serait chargée de l'étude des questions se rattachant à la situation financière des Sociétés de courses.

Cette commission après des recherches longues et minutieuses, émit le vœu que les Sociétés établissent dans leurs budgets annuels une distinction fondamentale entre les produits encaissés par ces Sociétés, en tant que Sociétés de courses proprement dites, et les produits résultant du pari mutuel dans les conditions prévues par la Loi du 2 Juin 1891.

« Les premiers de ces produits, disait dans son rap-
« port au Président de la République, le Ministre de l'Agri-
« culture M. Méline, appartiennent en propre aux socié-
« tés ; elles sont libres d'en régler l'emploi sous réserve
« des dispositions de la loi précitée et du décret du 7
« juillet suivant. En ce qui concerne les produits du pari
« mutuel, qui découlent d'une concession de la loi, les
« sociétés de courses ne sauraient prétendre à une égale
« indépendance. Il appartient à l'Administration de régler
« les conditions de leur emploi ».

Le Décret du 24 novembre 1896 donna satisfaction, dans son art. 1 à quelques-unes de ces réclamations en prescrivant aux sociétés de tenir deux comptabilités distinctes, que nous allons étudier séparément.

I

Comptabilité touchant les ressources spéciales des Sociétés.

Le Décret du 4 novembre 1896 n'a sur ce point modifié en rien la situation qu'avait faite aux Sociétés la Loi du 2 juin 1891. Le principe de l'interdiction des bénéfices qui se dégageait clairement de l'esprit de la loi subsiste toujours; mais il semble qu'il soit facile de le violer indirectement. En effet, l'approbation et le contrôle des comptes et des budgets annuels par les Ministres de l'Agriculture et des Finances sont quelque peu platoniques, et les Sociétés peuvent disposer comme il leur plaît, de toutes les ressources autres que celles du pari mutuel, soit en les distribuant en prix, soit en les réservant pour des travaux d'amélioration, soit plutôt en les accumulant dans des fonds de réserve qui grossissent ainsi indéfiniment.

Or ces ressources spéciales des Sociétés, autres que celles du Pari Mutuel, sont loin d'être négligeables. Le plus gros appoint est fourni par les droits d'entrée des spectateurs : si l'on tient compte de ce fait que le prix d'une carte de pesage est toujours de vingt francs pour les hommes et de dix francs pour les dames, que sur beaucoup d'hippodromes une enceinte spéciale est réservée auxporteurs de cartes à cinq francs,qu'enfin les spectateurs de la pelouse paient au moins un franc et quelquefois trois, on ne sera pas surpris que le total des entrées atteigne dans les grandes journées une somme considérable (1). Les sommes recueillies pour les engagements et les forfaits des concurrents augmenteraient aussi dans de sérieuses proportions l'encaisse des Sociétés, mais nous verrons que ces prélèvements sont fréquemment, surtout dans les grandes épreuves, ajoutés aux prix et remis aux vainqueurs. Il n'en reste pas moins que le fonds « Société » peut être très élevé et sa gestion donner lieu à de sérieux abus.

Ces abus existaient avant 1896; on pouvait espérer que la commission nommée s'efforcerait d'y remédier, puisqu'elle avait reçu pour mission, selon la promesse de M. Viger « de rechercher s'il n'y avait pas d'abus dans les prélèvements destinés aux fonds de réserve ».

La commission s'est contentée de prescrire, comme nous l'avons vu, aux différentes Sociétés, la division des comptabilités et n'a réglementé que la comptabilité touchant le pari mutuel. Tout restait donc en état.

Depuis la promulgation du Décret précité, une proposition a été faite par M. Ed. Blanc à la Chambre des Députés. Se basant sur ce fait que les Sociétés ont le moyen d'augmenter par un simple jeu d'écritures la valeur des prix qu'elles distribuent en affectant à ces prix l'intégralité des ressources du pari mutuel et en diminuant d'une somme égale le prélèvement qu'elles opèrent sur les en-

1. Pour le prix du Conseil Municipal dispute le 7 octobre dernier plus de 163.000.

trées, forfaits et cotisations etc..., l'auteur de la proposition voudrait :

« Imposer aux Sociétés l'obligation de tenir leurs sta-
« tuts sociaux, leur budget annuel et leurs comptes à la
« disposition des intéressés et du public ;

« Limiter les fonds de réserve à une somme suffisante
« pour assurer, en cas de crise, le bon fonctionnement
« des courses ;

« Obliger les sociétés à distribuer annuellement, en
« prix et primes aux éleveurs, l'excédent intégral des
« sommes dépassant les limites fixées pour la réserve ».

L'économie de cette proposition se résumait dans le complément suivant qui devait s'ajouter à l'article 3 de la Loi du 2 juin 1891.

« Les Sociétés de Courses ne peuvent réaliser aucun
« bénéfice, et le montant intégral de leurs recettes de
« toutes sortes, déduction faite des frais d'exploitation,
« devra être intégralement distribué en prix de courses,
« primes ou encouragement à l'élevage ».

« Les Sociétés de Courses seront toutefois autorisées à
« constituer un fonds de réserve dont le montant sera li-
« mité par le Ministre de l'Agriculture. »

Il ne semble pas que cette proposition puisse être votée sous peu ; elle dort depuis tantôt quatre ans dans les cartons de la Chambre et la nouvelle Commission, récemment nommée par le Ministre de l'Agriculture pour étudier « le fonctionnement des Courses de Chevaux en France » porterait plutôt son attention sur la réduction qu'il serait possible d'apporter au taux de prélèvement du pari mutuel.

Quoiqu'il en soit, les Sociétés de Courses sont pour leur comptabilité particulière légalement soumises au contrôle de l'Administration ; mais il paraît que ce contrôle peut être insuffisant pour réprimer quelques abus, puisque certaines personnes, très au courant des choses hippiques, réclament une réglementation plus sévère. Cette réglementation stricte, nous allons la rencontrer dans les prescriptions faites aux Sociétés pour les fonds du pari mutuel.

II

Comptabilité des fonds du Pari mutuel.

Nous avons vu dans l'introduction historique que le pari mutuel avait été pour la première fois introduit en France en 1887, sous la forme d'un Arrêté ministériel accordant à la Société d'Encouragement l'autorisation d'établir ce genre de pari sur ses hippodromes.

L'article V de la Loi de 1891 a donné à l'institution du Pari Mutuel la sanction légale, et le Décret du 7 juillet 1891 a, par son Article II, délégué à l'Administration, le soin de fixer annuellement la quotité du prélèvement que les Sociétés de Courses pourront faire sur les recettes brutes du pari mutuel.

En vertu de cette délégation, les Sociétés de courses ont été autorisées à prélever 4 pour 0/0 du montant brut des paris ; ce taux était élevé à 7 pour 0/0 pour les Sociétés de province, à l'exception toutefois de celle de Deauville assimilée aux Sociétés parisiennes.

L'article 3 du Décret de juillet fixait le taux des prélèvements établis par la Loi de 1891. Ces prélèvements étaient de 2 pour 0/0 en faveur des œuvres locales de bienfaisance et de 1 pour 0/0 en faveur de l'élevage.

Il serait fastidieux de rappeler ici toutes les prescriptions édictées pour le recouvrement et le versement des fonds du pari mutuel. On trouvera tous ces renseignements dans les textes du Décret du 7 juillet 1891 et du Décret complémentaire du 24 novembre 1896.

Faisons seulement remarquer que sur cette question des fonds du pari mutuel l'intervention administrative est d'une absolue rigueur.

C'est d'abord le fonds spécial qui pourrait résulter d'un excédent de recettes et qui est limité par l'article 4 du Décret de 1896 « au 1/5 de la somme totale annuelle des prix ou allocations que les sociétés doivent inscrire en dépenses au compte du pari mutuel ».

Toujours d'après les prescriptions de ce même Décret de 1896, les excédents de recettes du compte du pari mutuel, excédents qui ne peuvent être versés au fonds spécial, seront affectés soit à une augmentation de la somme donnée en prix ou subventions, soit à des dépenses de construction ou de travaux de premier établissement, mais alors avec l'autorisation préalable du Ministre de l'agriculture.

Le Décret précité permet encore de prélever sur le fonds

« Société » les allocations qu'accidentellement le pari mutuel ne pourrait plus fournir, et règle l'emploi des sommes provenant des tickets impayés par la création d'une caisse de secours du personnel des écuries de courses.

Toutes ces mesures, disait dans son rapport le Ministre de l'Agriculture, avaient pour but de fortifier le contrôle financier de l'Administration sur les opérations des Sociétés, tout en respectant, aussi complètement que possible, l'autonomie de ces Sociétés.

Il est facile de voir, par les quelques exemples cités plus haut et par les multiples formalités prescrites aux Trésoriers par le Décret de 1896 que l'Administration exerce sur cette répartition des fonds du pari mutuel un contrôle sévère et absolu, bien différent de celui que cette même Administration est censée exercer sur la réglementation des fonds spéciaux des Sociétés.

Après avoir ainsi étudié les différentes réglementations édictées par la Loi de 1891 et les Décrets qui l'ont suivie, nous allons envisager l'application pratique de quelques-uns de ces textes et voir les résultats donnés par les prélèvements édictés par ces mêmes textes.

A

Le prélèvement fait en faveur des œuvres de bienfaisance doit s'élever d'après l'article III du Décret de juillet à 2 pour 0/0.

Avant d'examiner les formalités qui président à la répartition de ces fonds, il est intéressant de citer les chiffres officiels qui nous donnent une idée de l'importance chaque jour grandissante des sommes prélevées. Le relevé que nous transcrivons (1) pourra servir d'argument à ceux qui, très justement, soutiennent que la Loi de 1891 a eu tout au moins, malgré ses inconvénients, l'immense avantage de rendre un signalé service aux malheureux.

Si l'on considère les principes adoptés par la Commission spécialement nommée pour la distribution de ces fonds, on se convaincra aisément du rare sentiment d'équité qui préside chaque année à leur répartition. En effet, dès le début, la Commission refusa des subventions à toute œuvre existante, mais dont les ressources normales seraient insuffisantes pour faire vivre l'œuvre entreprise sans une subvention annuelle; ce qui n'aurait eu d'autre résultat que d'attiédir le zèle des organisateurs. Par la même décision, la Commission se résolut de ne venir en aide qu'à des œuvres nouvelles dont le fonctionnement était assuré

Bienfaisance.

	Année	Montant	
1.	1891. . .	116 473	francs.
	1802. . .	3.305.095	—
	1893. . .	3.789.977	—
	1894. . .	3.669.461	—
	1895. . .	3.260.368	—
	1896. . .	3.945.909	—
	1897. . .	4.263.953	—
	1898. . .	4.428.015	—
	1899. . .	5.113.561	—

pour l'avenir et à qui un premier secours était seulement nécessaire pour réaliser l'œuvre entreprise.

Il fut également convenu que l'intervention pécuniaire de la Commission n'aurait lieu qu'une seule fois pour chaque œuvre et que l'on ne viendrait pas aux secours des budgets en déficit.

Enfin, les œuvres anciennes, qui ajoutaient une branche nouvelle ou qui développaient celles déjà existantes, furent également admises à participer aux libéralités de la Commission.

Les demandes de subvention sur les fonds du pari mutuel doivent en outre être accompagnées de pièces administratives susceptibles de justifier l'opportunité de ces demandes. L'énumération des pièces requises montrera que toutes les précautions ont été prises pour que les subventions fussent données à bon escient.

α. — Demandes émanant d'œuvres privées

1° Notice faisant connaître le but et le fonctionnement de l'œuvre.

2° Statuts portant mention de leur approbation par l'autorité compétente ;

3° Plans et devis estimatifs détaillés comprenant l'intégralité des dépenses à effectuer pour travaux de construction et d'installation ;

4° Comptes rendus moraux et financiers pour les trois derniers exercices clos ;

5° Budget de l'exercice courant ;

6° Etat présentant l'actif et le passif de l'œuvre.

6. — *Demandes émanant des communes.*

1° Délibération du Conseil Municipal approuvant les travaux projetés et faisant connaître les voies et moyens à employer pour couvrir les dépenses ;

2° Plans et devis estimatifs détaillés de constructions et installations projetées faisant ressortir l'intégralité des dépenses à effectuer ;

3° Budget primitif et supplémentaire de l'exercice courant :

4° Comptes de gestions des trois derniers exercices clos ;

5° Etats présentant l'actif et le passif (N°s 223 et 223 *ter* de l'instruction générale).

Lorsqu'il s'agira d'une demande formulée par un établissement public (hospice ou bureau de bienfaisance) il y aura lieu d'ajouter aux pièces indiquées ci-dessus une délibération de la commission administrative.

Tels sont les principes et instructions qui ont présidé à la répartition des fonds du pari mutuel pour les œuvres de bienfaisance. Sur ce point l'intervention de l'Etat est donc absolument stricte ; mais il ne semble pas que l'on doive s'en plaindre. L'expérience des dernières années montre que l'on est arrivé aux meilleurs résultats. On a fait naître et l'on a assuré l'existence d'œuvres : on a exigé des initiatives charitables un effort personnel que l'on peut estimer au double de la subvention accordée pour le premier établissement. Les fonds ainsi distribués ont une action bienfaisante beaucoup plus considérable que si on les avait donnés indistinctement à tous les établissements, sans tenir compte de leur fortune et de leur situation budgétaire.

Cette considération qu'une partie des prélèvements du pari mutuel irait aux déshérités a été un des principaux arguments fournis par les défenseurs de la Loi de 1891. D'autres ont répondu qu'on ne devait pas envisager les services que pouvaient rendre les sommes prélevées, mais qu'il fallait considérer la source impure dont elles provenaient. Nous retrouverons plus loin toutes ces raisons invoquées pour ou contre l'œuvre législative de 1891, lorsque nous serons arrivés à justifier les courses et leur réglementation. Retenons seulement que les prélèvements en faveur des œuvres de bienfaisance augmentent considérablement chaque année, que l'intervention de l'Etat a été utile, que les sommes ont été dans leur ensemble impartialement distribuées, et que les services ainsi rendus ont dépassé toutes les espérances.

B

Le prélèvement institué par la Loi de 1891 en faveur de l'élevage doit s'élever, d'après l'article III du Décret complémentaire de la Loi, à 1 pour 0/0. L'augmentation chaque jour grandissante des fonds engagés au pari mutuel fait que ce prélèvement est devenu un sérieux appoint comme l'indique le tableau ci-dessous (1).

En arrivant ainsi à l'intervention de l'Etat en matière d'élevage, nous touchons à une question très importante et très discutée et à laquelle, comme dans beaucoup d'autres cas, une solution radicale n'a pu être apportée. C'est la question du rôle de l'Etat comparé à celui de l'industrie privée en matière de production chevaline. Les opinions les plus divergentes se sont produites; les thèses les plus opposées ont été tour à tour soutenues par les partisans et les adversaires de l'influence officielle, et ce choc d'idées si diverses a entraîné des fluctuations fâcheuses pour une organisation qui exigeait pour réussir un véritable esprit de suite.

Comme en toute matière économique, nous trouvons sur ce terrain les partisans d'une liberté absolue opposés aux interventionnistes. Les premiers soutiennent que

1.

	Elevage.	
1891. . .	58.236	francs.
1892. . .	1.697.997	—
1893. . .	1.894.988	—
1894. . .	1.834.730	—
1895. . .	1.630.184	—
1896. . .	1.972.954	—
1897. . .	2.131.976	—
1898. . .	2.214.007	—
1899. . .	2.556.780	—

toute industrie doit se développer librement, et que l'Etat par son intervention, ne fait que paralyser l'initiative privée. Les autres pensent que l'industrie chevaline ne peut se passer ni de la direction, ni de l'intervention de l'Etat, parce que d'une part la science hippique n'est pas à la portée de tous, que, de l'autre, l'achat et la conservation de reproducteurs de qualité constitue une dépense trop importante pour les fortunes privées.

Il y a une part de vérité dans chacune de ces théories. La prépondérance de tel ou tel système dépend des mœurs, des coutumes, des habitudes de chaque pays ; et, dans un même pays, des modifications profondes ont pu se produire à des époques différentes comme on peut s'en rendre compte par un rapide coup d'œil rétrospectif, jeté sur l'évolution historique des idées et des faits, qui présidèrent au développement de l'industrie privée en matière d'élevage, en même temps que sur l'ingérence de l'Etat représenté par l'Administration des haras.

Sous la féodalité, l'élevage du cheval, apanage de quelques grands seigneurs, était nécessairement très prospère, et les haras particuliers admirablement dirigés par ces seigneurs qui en prenaient un soin jaloux et qui possédaient alors tous les moyens de mener à bien l'œuvre entreprise. Dans ces conditions l'Etat n'avait aucune raison pour intervenir ; mais du jour où des modifications politiques firent disparaître la puissance seigneuriale, les haras particuliers devinrent de moins en moins florissants pour faire place « à un élevage restreint, confié

« à des fermiers, qui n'avaient ni les connaissances né-« cessaires, ni les moyens financiers indispensables, non « seulement pour améliorer, mais même pour conserver « les qualités de nos races (1) ».

Les résultats de cette modification ne tardèrent pas à se faire sentir, et tandis que l'aristocratie anglaise développait son élevage national, la France voyait ses races dégénérer, son commerce diminuer en même temps que son armée devait faire appel à l'étranger pour sa remonte annuelle.

C'est alors que l'Etat songea pour la première fois à intervenir et Louis XIII par Ordonnance royale de 1639 prescrivit la création d'un haras national.

A une période de liberté absolue en matière d'élevage succédait donc, par la force même des choses, une période d'intervention de l'Etat. Le système nouveau fut développé par Colbert, mais celui-ci s'efforça de concilier les deux idées, et tout en créant des haras nationaux, favorisa très efficacement l'industrie privée, en achetant à l'étranger des étalons, qui étaient placés chez des cultivateurs pour faire souche et rétablir ainsi l'ancienne réputation de nos races déchues.

Les guerres de la fin du règne de Louis XIV devaient presque annihiler les efforts accomplis par Colbert et il faut aller jusqu'au 22 février 1717 pour trouver une nou-

1. Marquis de Barbentane. *Communication faite au 6e congrès international d'agriculture*. Paris 8 juillet 1900.

velle intervention de l'Etat, sous forme de mesure spéciale prise par le conseil de Régence qu'avait vivement ému la pénurie hippique du pays.

Cette sollicitude gouvernementale devait amener une ère de prospérité pour l'élevage national; mais survinrent les évènements de 1789 et les haras de l'Etat disparurent dans la tourmente générale. L'Assemblée Constituante décida leur suppression le 29 janvier 1790 et les 1.115 étalons royaux furent vendus aux enchères à des prix des moins rémunérateurs.

L'initiative privée aurait pu librement s'exercer, mais des préoccupations autrement sérieuses empêchaient les cultivateurs de s'adonner aux travaux agricoles. Aussi, la production chevaline diminua dans des proportions effrayantes, et un Décret de la Convention, revenant sur la mesure prise par la Constituante, ordonna la création de 7 dépôts d'étalons. Mais cette initiative ne put empêcher le dépeuplement qui se continua sous l'influence de guerres désastreuses pour la production ; le manque de confiance éloignait en effet l'éleveur d'une industrie dont les bénéfices ne pouvaient être escomptés qu'à longue échéance.

Une mesure radicale s'imposait ; elle fut prise par l'Empereur le 4 juillet 1806 dans un Décret qui ordonnait la formation de 30 dépôts devant abriter de 1470 à 1825 étalons et de six haras composés chacun de 100 poulinières.

Les guerres de l'Empire qui nécessitèrent une consommation énorme de chevaux ne permirent pas à l'Administration de recueillir les fruits de ses efforts. Ce ne fut qu'après 1815 que des résultats appréciables se firent sentir et « qu'une intelligente direction dont l'action n'était plus paralysée par des causes étrangères put devenir tout à fait efficace (1) ».

En 1828, les attaques qui, en 1790, avaient été dirigées contre l'Administration des haras se renouvelèrent. Une commission examina scrupuleusement toutes les parties du service et dans son rapport, conclut à la nécessité de l'intervention directe de l'Etat. Ces principes reçurent en 1832 un nouvel assaut, et les partisans de la liberté remportèrent une victoire partielle, en faisant voter la suppression de 9 dépôts d'étalons et le remplacement de l'ancien personnel par un personnel nouveau. C'était déjà la preuve de tendances modificatrices ; elles devaient se faire plus impérieusement sentir en 1848, époque à laquelle une commission, spécialement nommée, comprenait dans son sein plusieurs membres hostiles à l'Administration des haras. Dans ces conditions la discussion devait être chaude. Un projet de Décret, pour la suppression du budget des haras, fut même préparé, mais de nombreuses réclamations parlementaires empêchèrent toute modification, et le système de l'intervention gouvernementale en matière d'élevage sortit encore une fois victorieux de la lutte engagée.

1. Marquis de Barbentane, opinion citée.

Le second Empire devait voir les partisans de l'étalonnage privé tenter de nouveaux efforts pour arriver à imposer leur thèse, mais cette fois sous des apparences quelque peu trompeuses. On ne parle plus de destruction complète ; sous couleur de transformation, on demande et on arrive à faire retirer à l'Administration quelques-uns de ses moyens d'action par la suppression des jumenteries du Pin et de Pompadour, par l'offre à très bas prix, faite aux éleveurs, de reproducteurs enlevés aux haras du Pin et de Saint-Lô. Des primes annuelles étaient en outre promises aux cultivateurs pour les dédommager du capital immobilisé par l'achat des étalons.

Ces tentatives pour acclimater un système intermédiaire entre l'intervention complète et le régime tout opposé de liberté absolue, étaient intéressantes et méritaient de retenir l'attention. Mais les modifications apportées furent tout d'abord peu en faveur auprès des éleveurs qui se plaignirent de l'innovation, dont le principal inconvénient devait être, paraît-il, la captation par quelques spéculateurs des richesses étalonnières que l'État mettait à la disposition de tous. Le gouvernement s'arrêta dans la voie nouvelle où il s'était engagé ; l'élevage continua à se développer sous la direction de l'État.

La guerre de 1870 et ses terribles résultats, les conditions nouvelles dans lesquelles se trouva notre pays à la suite de sa défaite, devaient amener le Parlement à s'occuper des améliorations nécessaires au développement de notre production chevaline et à la remonte de notre armée. Ce fut le but de la Loi du 29 mai 1874 que nous allons étudier dans tous ses détails, car elle peut être considérée comme la Loi fondamentale en la matière, et le lumineux et remarquable rapport de M. Bocher qui en précéda la discussion devant les Chambres, est la base la plus certaine que l'on puisse prendre pour connaître et apprécier les arguments fournis par les partisans de chacune des théories, dont nous avons esquissé l'évolution à travers l'histoire.

Après avoir étudié dans la première partie de son rapport la situation nouvelle faite à l'élevage par les récents évènements, l'honorable M. Bocher résume ainsi les préoccupations auxquelles devait répondre le projet en discussion. « Nécessité de mettre désormais notre cavalerie « et notre artillerie sur un pied plus considérable que « dans le passé, d'augmenter sensiblement en temps de « paix, de tripler pour le cas de guerre, l'effectif de nos « chevaux, d'en modifier l'espèce en même temps que le « nombre ; insuffisance de la production pour les usages « de la consommation générale, et principalement pour « ceux de l'armée, insuffisance qui tend à s'accroître au « moment même où s'accroissent les besoins. »

Mais, avant de se prononcer sur la nature et sur l'étendue des ressources à créer, des nouveaux sacrifices à réclamer du pays, le rapporteur se demande quelle est l'institution qui doit présider aux intérêts de l'industrie chevaline, en diriger et en soutenir les efforts, distribuer les secours et les encouragements. C'est suivant lui, l'Administration des haras, Administration attaquée à chaque révolution politique ou administrative, chaque fois que la menace ou le souvenir des dangers extérieurs ont ramené l'opinion publique à l'examen de la question chevaline, mais qui toujours est sortie avec avantage des épreuves de la libre discussion. Cependant, M. Bocher, qui considérait sur ce point le débat comme épuisé et clos, n'en combat pas moins avec une grande force d'argumentation tous les griefs formulés contre cette Administration des haras.

On lui a reproché, dit le rapporteur, de constituer un monopole et de faire concurrence à l'industrie privée ; de n'avoir ni systèmes ni principes arrêtés et d'avoir provoqué par ses fautes et ses erreurs la dégénérescence de la plupart de nos anciennes races. Il est nécessaire de réduire à néant toutes ces objections.

Les haras, suivant le rapporteur, ne bénéficient pas d'un monopole puisque sur les 12 à 15.000 reproducteurs que nécessite le renouvellement annuel de la population chevaline, 1100 seulement sont possédés par l'Administration. Reste à savoir si la concurrence faite à l'industrie privée par ces 1100 reproducteurs est nuisible à l'intérêt général.

On doit d'abord considérer non pas seulement la production, mais encore la consommation « à laquelle il importe essentiellement que l'espèce chevaline, sous toutes ses formes et pour toutes ses destinations, soit la meilleure possible et au plus bas prix possible ».

Mais, en tenant compte seulement de la production, il faut encore faire une distinction entre les catégories de cultivateurs qui s'y adonnent, et dont un petit nombre seul a formulé des plaintes.

En effet, une grande majorité d'agriculteurs, ceux-là qui possèdent les six à sept cent mille juments livrées annuellement à la monte, qui empruntent, à bas prix, les éléments premiers nécessaires à l'exercice et au succès de leur industrie, ne se sont jamais élevés contre l'intervention de l'Etat en matière d'élevage. Pour eux, cette ingérence est nécessaire ; elle leur permet de livrer à l'armée à un prix relativement peu rémunérateur et grâce à la modicité des frais de saillie des chevaux d'un assez bon ordre.

De même les éleveurs qui achètent les poulains pour les nourrir, les utiliser temporairement et les revendre, ne se sont jamais plaints de l'immixtion administrative dans leur industrie ; ils ont au contraire toujours besoin du secours des Haras pour leur acheter leurs meilleurs élèves, lesquels sont payés un prix assez élevé pour les dédommager des pertes et des déceptions que réserve aux plus initiés l'élevage du cheval.

Restent bien les plaintes formulées au nom de la liberté de l'industrie par un petit groupe d'hommes qui se consacrent uniquement à la production, à l'élevage, à l'exploitation du pur-sang anglais.

Ces « dilettanti » du Turf voudraient être les seuls pourvoyeurs de l'étalonnage privé mais leur exclusivisme ne saurait valoir contre l'intérêt général, et par eux aussi les secours de l'Administration, sous forme de primes, sont toujours acceptés.

« L'intervention directe de l'État ne nuit à aucune bran-« che de la production mais profite à toutes : l'industrie « étalonnière elle-même y trouve non pas une concur-« rence qui lui fait obstacle, mais un concours qui lui est « nécessaire. Et la preuve, c'est que cette industrie n'existe « pas, ou ne vit qu'avec peine, là où l'action des haras ne « se fait pas sentir ; qu'elle s'établit, au contraire et pros-« père là où les haras sont en force, profitant des besoins, « des goûts, des habitudes, des ressources qui se déve-« loppent sous leur influence ; et qu'enfin ses propres « animaux sont partout, comme nombre et comme valeur, « en rapport avec ceux que l'administration entretient « elle-même dans ses dépôts ».

Telle était la conclusion de M. Bocher et la réponse faite à ceux qui prétendaient que l'Administration des haras, par un monopole, faisait concurrence à l'industrie privée.

Au reproche adressé à cette même Administration de n'avoir ni systèmes ni principes arrêtés, le rapporteur répondait que l'unité de vue et d'action était impossible dans un pays comme la France où la diversité des races était si grande. Quant à la fixité que certains auraient voulu voir dans l'œuvre de l'Administration, elle ne pouvait être obtenue par suite de la nature même de la mission à remplir. « Les données du problème n'étaient-elles pas essentiellement variables; variables comme les demandes de la consommation, comme les exigences d'une civilisation changeante et progressive ».

Enfin, le reproche adressé au Haras d'avoir causé la dégénérescence des races chevalines, amenait une vive et énergique réplique du rapporteur. Ces critiques, disait-il, nous les connaissons, nous les avons entendues à toutes les époques et sous tous les régimes ; « les mêmes « doléances et les mêmes récriminations se sont élevées « à propos de l'abaissement et de l'insuffisance de l'es-« pèce, de la perte de nos anciennes races indigènes, tou-« jours aussi supérieures dans le passé, si inférieures dans « le présent ». Mais la vérité est tout autre, les races indigènes ne sont pas descendues du haut rang qu'elles occupaient dans le passé, la plupart se sont heureusement transformées, quelques-unes se sont affaiblies ou éteintes mais parce qu'elles n'avaient plus leur raison d'être, puisque « les races d'un pays ne se perdent ou se conservent « que lorsque le commerce les abandonne ou les recher-« che ».

Tels sont succinctement résumés, les arguments qu'opposait le Rapporteur de 1874 à ceux qui, au sein de la Commission, avaient réédité les éternelles critiques formulées contre l'Administration des haras. Quelque décisives que puissent être dans leur ensemble les raisons données par M. Bocher, elles ne mirent pas fin à la lutte perpétuellement engagée entre partisans de chacune des théories en présence. Nous allons dans l'histoire hippique de ces dernières années voir formuler à nouveau les griefs déjà connus.

Les partisans de la liberté absolue en matière d'élevage ont trouvé un éloquent interprète dans la personne de M. le professeur Sanson, dont l'autorité en la matière ne peut être mise en doute par personne. Celui-ci soutient que les conditions qui peuvent influer sur la production « climat, température,nature du sol et des fourrages », ainsi que les besoins de chaque localité peuvent être beaucoup plus aisément saisis et compris par les habitants que par les Agents de l'Administration. Il affirme « que les Lois éco- « nomiques sont les mêmes pour toutes les industries, et « que celles-ci doivent se développer sous l'aiguillon de la « libre concurrence, de l'initiative et de la responsabilité « privée ne prenant conseil que de leur intérêt ». Et le professeur donne comme exemple à l'appui de sa thèse l'industrie du cheval de gros trait, si prospère avant 1874, alors que les haras ne possédaient que 23 étalons de cette race.

A ces arguments, les partisans de l'intervention directe répondent que le possesseur de juments peut obtenir de l'Etat des étalons de valeur, dont les saillies sagement réglementées sont cotées à des prix très modestes.

On ajoute que seule « l'Administration peut faire ces « mutations salutaires qui transfèrent d'une station à une « autre les étalons après un temps donné, suffisant pour « transmettre leurs qualités à une masse déterminée de « produits, trop court pour donner place aux graves

« inconvénients résultant parfois de la consanguinité » (1).

On le voit, toutes ces critiques ne sont que la reproduction pure et simple de celles que signalait déjà dans son rapport M. Bocher. Mais tout récemment l'Administration des Haras a dû répondre à une attaque parfaitement précise et qui se résume dans ce que l'on est convenu d'appeler la question du « cheval de guerre. »

L'un des plus fervents propagandistes des idées nouvelles, M. de Gasté, a, dans une brochure (2), résumé les griefs formulés sur ce point spécial contre l'Administration des Haras.

Après avoir montré que les Haras à la fois producteurs, (puisqu'ils possèdent presque seuls les éléments de production), et consommateurs (puisqu'ils achètent comme, étalons les meilleurs sujets d'une génération), exercent une influence absolument prépondérante, l'auteur affirme que la production normale régulière du cheval de remonte, n'existe pas, qu'elle n'est encore aujourd'hui qu'accidentelle et indirecte, et « qu'il y a impossibilité presque ab-
« solue pour l'éleveur de faire naître des chevaux rigou-
« reusement aptes comme qualité et comme forme au
« service de la selle, et capables de devenir de bons che-
« vaux de troupe » parce que l'élément nécessaire, indispensable, l'étalon de selle n'existe pour ainsi dire pas en France. L'administration des Haras, toujours d'après M. Gasté, ne s'occupe que du demi-sang carrossier sans

1. A. Gallier. *Le Cheval Anglo-Normand*, p. 126.

2. *Du Recrutement du Cheval de Cavalerie.*

porter la plus légère attention sur le cheval de selle pur-sang, d'un caractère généralement très doux, seul capable de fournir de longues étapes tout en portant des poids considérables.

Il est juste d'opposer à ces accusations la réponse que leur a faite le Directeur actuel des Haras, M. de Plazen, dans le Rapport qu'il adressait au Ministre de l'Agriculture sur l'exercice 1897.

Une campagne, écrivait le Directeur, a été faite pour soutenir que la France ne pouvait remonter sa cavalerie non-seulement en temps de guerre mais encore en temps de paix. L'Administration, d'après les promoteurs de cette campagne, aurait contribué à cet état de choses par l'emploi exagéré d'étalons trotteurs et carrossiers, par ses tendances à faire descendre l'Anglo-Normand jusqu'aux Pyrénées et par le petit nombre de pur-sang employés pour la reproduction.

En ce qui concerne cette dernière critique, il semble que les chiffres puissent être la meilleure réponse. En effet, les étalons pur-sang employés par l'Administration étaient au nombre de 224 en 1868; ce chiffre s'est élevé à 451 au 1er janvier 1891 et à 589 au 1er janvier 1897.

Il n'est pas plus exact que l'emploi de l'Anglo-Normand ait été généralisé dans les dépôts du Midi, puisque la proportion de ce reproducteur dans ces régions n'est plus que de 23 0/0 au lieu de 37 0/0 en 1868.

L'Administration des Haras, toujours d'après les chiffres fournis par elle, n'aurait pas abusé de l'étalon trotteur, puisque sur un effectif de 2902 on en compte seulement 235; puis le trotteur est souvent bâti en cheval de selle, comme, par exemple, la jument trotteuse Plume-au-Vent, qui obtenait un 1er prix au concours de dressage pour chevaux de selle et qui, quelques jours après, confirmait sur l'hippodrome de Mortagne ses brillantes performances en épreuves de trot. On pourrait encore citer, comme exemples, dans cet ordre d'idées, Kioto, qui après avoir figuré honorablement sur l'hippodrome, dans des épreuves de trot, remporta plusieurs prix dans les concours hippiques, et Themis, qui servait de « hack » à son propriétaire M. du Rozier, ce qui ne l'empêchait pas de fournir en pleine saison de chasse la meilleure course de sa carrière.

Enfin le Directeur des Haras constatait que les chevaux payés le plus cher par les remontes étaient fils de trotteurs, et citait une moyenne de 2130 francs opposée à une de 1900 pour les produits issus de pur-sang.

Après avoir reproduit toutes les critiques adressées à l'Administration des Haras, aussi bien en ce qui concerne son principe même qu'en ce qui touche ses moyens d'action, il est temps de fixer le système que l'on doit, à notre avis, adopter, de signaler les progrès accomplis, progrès à la réalisation desquels certaines attaques justement formulées n'ont pas été, il faut bien l'avouer, totalement étrangères.

Il nous semble évident qu'en matière d'élevage l'Administration doit intervenir, mais cette intervention est nécessitée par l'état actuel des choses et le triomphe de l'initiative privée doit être le but à atteindre. « Les Haras « doivent favoriser le développement de l'industrie pri- « vée et s'efforcer de creuser chaque jour leur tombeau, « écrivait un hippologue distingué, M. Gayot. Leur vie « ne doit pas être éternelle, il faut la leur souhai- « ter courte et bonne, et nous travaillerons de toutes « nos forces à rendre leur fin aussi prochaine que possi- « ble ».

L'immixtion nécessaire de l'Etat dans les questions d'élevage national doit être directe et indirecte : directe par l'achat aux particuliers et par l'entretien, dans les dépôts, d'étalons, qui, à l'époque de la monte, seront répartis dans les stations où ils seront mis pour un faible prix à la disposition des éleveurs ; indirecte, par des subventions accordées aux propriétaires d'étalons approuvés, c'est-à-dire susceptibles de perfectionner l'espèce, et par les permissions de faire saillir, données aux propriétaires d'étalons autorisés.

Puisque le développement de l'initiative privée doit être l'objectif visé, il est logique que l'Administration des Haras ne considère pas, comme des concurrents, les propriétaires d'étalons aptes à faire la monte. Or, il n'en est malheureusement pas toujours ainsi, et sans vouloir faire ici de personnalités (elles seraient inutiles, car nous serons compris à demi-mot) nous pourrions citer un éleveur de demi-sang qui possède un haras particulier fort bien organisé, initiative très louable qui ne devrait pas l'empêcher de figurer honorablement chaque année sur la liste des achats faits par l'Administration.

L'Etat, représenté par les Haras doit donc intervenir dans la reproduction; mais si le développement de tous les types doit être encouragé, il en est un certain nombre dont l'amélioration ressort plus particulièrement du domaine administratif : ce sont ceux qui intéressent les services de l'armée, ce sont ceux également qui, pour l'éleveur, sont les moins rémunérateurs parce qu'à défaut de l'achat par les remontes, ce cheval s'il n'a pas des qualités remarquables comme trotteur ou comme carrossier est peu recherché par le commerce. L'étalon qui produit ce type est d'un ordre élevé et représente un capital qu'il n'est pas à la portée de tous de pouvoir débourser. L'Etat soutient ainsi les intérêts de la défense nationale en même temps que ceux des éleveurs, en mettant à la disposition de ces derniers des sujets d'élite, habilement sélectionnés, et répartis, suivant les besoins, dans les différentes régions. Ces chevaux appartiennent soit aux races de pur-sang, soit aux races de demi-sang.

En ce qui concerne le pur-sang l'Etat n'a le plus souvent que l'embarras du choix; il doit cependant s'attacher à l'achat d'étalons de croisement qui puissent, alliés avec des juments de demi-sang, donner ces produits qui satisferont dans leurs justes réclamations les admirateurs du cheval de guerre. Ce sera le meilleur moyen de repondre à l'esprit de la loi de 1874, qui avait surtout en vue la remonte de l'armée. Quant aux sujets d'ordre tout à fait supérieur, ils devront être achetés en très petit nombre et c'est sur ce point que l'initiative privée peut le plus efficacement s'exercer. Les riches éleveurs ne manquent pas de sacrifier à l'émulation et, pour ne citer qu'un exemple, n'avons-nous pas vu tout récemment M. Ed. Blanc consacrer un million pour enlever à l'Angleterre, lors de la vente du duc Westminster, l'étalon Flying-Fox.

Si nous passons au demi-sang, nous trouvons qu'en cette matière l'intervention administrative doit être absolument prépondérante. Quoique l'on fasse, l'État est et restera longtemps encore le promoteur presque exclusif du développement des races de demi-sang, et l'augmentation du nombre des étalons, dont nous allons parler plus loin, permettra d'envoyer dans chaque région les sujets les plus propres à satisfaire les besoins locaux.

C'est à coup sûr en ce qui touche les étalons de trait que les achats faits par le Gouvernement sont le moins utiles. Le cheval de gros trait est le cheval marchand par excellence ; le cultivateur qui le vend poulain, ou qui l'élève, peut utiliser ses précoces services et se passer ainsi de tout secours. Mais s'il n'est pas nécessaire de s'occuper du producteur, il faut au moins maintenir la production et conserver la pureté de la race par l'infusion du sang. Il est donc utile que l'État mette à la disposition de l'Agriculture, pour le perfectionnement et la conservation des races de trait, des types supérieurs d'une pureté absolue et d'une qualité hors de pair.

Après avoir ainsi exposé les principes qui doivent, selon nous, présider à l'action gouvernementale et guider l'Administration dans l'achat des différentes catégories d'étalons, nous allons examiner les modifications ayant trait à notre matière qui ont été récemment apportées par des Lois ou Arrêtés.

L'effectif général des étalons de l'administration a été plusieurs fois augmenté. C'est d'abord la Loi de 1874 qui avait porté le nombre des étalons de 1100 à 2500, chiffre qui devait être atteint par un accroissement annuel de 200 têtes.

La Loi du 26 Janvier 1892, loi dite d'accroissement, spécifie que ce nombre de 2500 serait porté à 3000 à raison de 50 nouveaux achats par an.

Enfin, sur la demande du conseil supérieur des haras, une Loi récente vient d'être votée, augmentant encore de 450 chevaux l'effectif des différents établissements de l'État.

Parmi le lot d'étalons dernièrement achetés, il convient de citer plusieurs sujets de pur-sang acquis à des prix très élevés. Tels furent : Bérenger, Ragotsky, Clamart, Chêne-Royal et Rueil, ce dernier cédé par M. Ed. Blanc pour la somme de 160.000 francs.

Nous ferons remarquer que ce sont les fonds prélevés sur le Pari Mutuel en faveur de l'élevage, et sur l'importance desquels nous avons donné plus haut un aperçu, qui seuls ont permis de réaliser ces importants sacrifices. En effet, la situation budgétaire de l'Administration des Haras fut de 1881 à 1892 l'objet de discussions nombreuses. Des nécessités d'ordre financier amenèrent à réduire de 559.000 francs le crédit affecté à la remonte des Haras, et de 816.000 le chapitre 31 qui visait les encouragements à l'industrie chevaline.

Depuis 1893 des modifications très heureuses ont été apportées sur plusieurs points touchant à notre matière. Sans insister sur les Arrêtés qui ont réglementé les courses d'Arabes ou issus d'Arabes, les concours de pouliches ou de poulinières, les épreuves de pouliches, nous signalerons tout spécialement l'Arrêté du 19 mai 1897 qui a institué des Commissions régionales hippiques, ayant pour but d'amener périodiquement un échange de vue entre les officiers de remonte et les officiers des Haras, et l'Arrêté du 1er Juin 1898, qui a organisé des concours spéciaux pour chevaux de selle, donnant ainsi satisfaction à quelques-uns des desiderata exprimés par la société du cheval de guerre.

Quelques chiffres officiels montreront mieux que toutes les dissertations l'importance des résultats obtenus :

Les naissances de pur-sang ont augmenté, dans une proportion très sensible, en ces dernières années, comme l'indique le tableau A porté aux annexes. Nous y voyons que de 943 qu'il était en 1881, le chiffre des naissances de pur-sang s'est élevé pour l'année 1898 à 2389, l'accroissement étant surtout sensible pour les produits Anglo-Arabes. Certes le développement des courses a été la cause primordiale de ces augmentations, mais nous persisterons à considérer ces modifications comme un bien. En effet, le but que veut atteindre l'éleveur de chevaux de courses est trop souvent le développement de la vitesse, et ses tendances sont absolument défavorables à la reproduction du cheval de selle, mais il n'en reste pas moins que beaucoup de produits bien nés et bien élevés sont reconnus très jeunes comme inaptes aux luttes de l'hippodrome. Ces réformes d'écurie sont généralement vendues à des prix très modestes et nous ne serons pas contredits par ceux qui suivent les ventes publiques du Tattersall et de l'établissement Cheri, quand nous affirmerons que les officiers prisent de plus en plus comme cheval d'armes ces pur-sang qui n'ont pas été fatigués par un entraînement prolongé.

Un autre résultat, non moins utile à signaler, ressort de la constatation du nombre, chaque jour grandissant, de juments saillies par les étalons de l'Etat. Nous voyons au tableau B des annexes qu'en 1891, 142.292 juments ont été servies et que ce chiffre s'est élevé en 1898 à 166.985.

Le montant du prix des saillies est passé, durant cette période de 8 ans, de 981.933 francs à 1.248.686 francs ; comme le prix de ces saillies est généralement proportionné à la valeur de l'étalon, calculé par l'importance des prix d'achat, on peut en induire que les reproducteurs sont considérés comme de meilleur ordre.

Il semble d'après ces constatations, basées sur des données numériques, que notre élevage soit en sérieux progrès et que l'intervention administrative ait, dans son ensemble, donné de bons résultats.

Il nous reste à voir si l'initiative privée a suivi la même marche ascendante. Nous sommes encore obligés de nous en rapporter sur ce point aux données de la statistique. Si nous consultons le tableau *B* des annexes, nous y voyons que le nombre des étalons approuvés qui était en 1891 de 1225 a fort peu augmenté, puisqu'il est passé à 1261 seulement pour l'année 1898.

En ce qui touche les étalons autorisés l'augmentation a été plus sensible, mais elle porte malheureusement sur un petit chiffre (De 149 en 1891 à 194 en 1898). Enfin, 6931 étalons ont conformément aux prescriptions de la loi de 1885 obtenus en 1898 le certificat sanitaire, et ces chiffres sont en augmentation peu sensible sur ceux de 1891 (6.106).

Si l'on se reporte aux discussions qui précédèrent le vote de la loi de 1874, on voit que la commission chargée d'examiner le projet avait admis en principe que le nombre des étalons approuvés devrait égaler celui des reproducteurs de l'Etat.

D'une comparaison entre les chiffres cités plus haut, on doit induire que la situation n'a jamais été telle que le souhaitaient les législateurs de 1874. Et M. Darbot, qui dans un livre récemment paru (1) fait ces constatations, soutient que l'allocation de 1.500.000, affectée aux primes, n'a jamais pu être distribuée.

1. Darbot. *L'Agriculture et les questions sociales*.

Il est aisé de baser une conclusion sur les exemples précédemment cités :

La loi de 1874 était une œuvre de transaction qui consacrait l'utilité de l'institution des Haras, tout en laissant très large la part que devait s'attribuer l'initiative privée, en matière d'élevage. L'Administration des Haras s'est développée, a prospéré grâce à l'augmentation des effectifs reproducteurs et aux ressources que l'installation du Pari Mutuel est venue lui apporter.

Quant à l'initiative privée elle n'a pas donné les résultats qu'on était en droit d'en attendre ; les encouragements ne lui ont pas cependant manqué ; il semble donc qu'il faille s'en prendre aux mœurs et aux coutumes de notre pays où chacun est disposé à tout attendre de l'Etat.

IV

DE L'INSTITUTION DES COURSES

Nous venons d'étudier le fonctionnement de l'Administration des Haras, qui, unie à l'étalonnage privé, assure dans notre pays le recrutement des reproducteurs, nécessaires aux besoins du commerce et à la remonte de l'armée. Nous sommes naturellement amenés à nous demander quel est le critérium qui présidera au choix de ces reproducteurs.

A cette question, une seule réponse est possible : il n'y a que la course publique qui puisse nous renseigner sur les deux qualités essentielles que l'on doit exiger d'un cheval : la vitesse et le fonds. Ces deux qualités impliquent et résument toutes les autres. Pour courir longtemps et vite, il faut dépenser une très grande force musculaire ; cette puissance dès que vous la possédez, vous pouvez en faire telle application que vous voulez. « La course est précisément pour le cheval ce qu'est la pierre de touche pour le métal qu'on soumet à l'épreuve ; c'est là que les qualités qu'on lui suppose, brillent, se confirment ou s'évanouissent ».

Telle est, à un point de vue général, la raison d'être

des Courses. Aucune institution n'a peut-être jamais provoqué de discussions plus ardentes, ni de résistances plus passionnées. Il nous appartient d'examiner toutes les objections et de les refuter ; en ce faisant, nous reviendrons nécessairement à la discussion de la Loi de 1891 ; car c'est à l'occasion du vote de cette Loi que les critiques les plus vives se sont fait jour, et que les objections les plus sérieuses ont été adressées à l'organisation sportive, que nous avons l'intention de défendre.

A la lecture du texte de la Loi de 1891, nous voyons que l'article 4 de cette loi interdit le Pari sur les courses de chevaux, fait avec tous venants en quelque lieu et sous quelque forme que ce soit ; mais l'article 5 consacre immédiatement une exception à la règle édictée plus haut, en permettant aux Sociétés de courses d'établir, après autorisation et moyennant quelques prélèvements, le pari mutuel sur leurs hippodromes.

Cette autorisation légale du Pari Mutuel, de cette « loterie officielle » comme on l'a appelée, devait nécessairement amener l'intervention des Moralistes auxquels se joignirent, pour la circonstance, tous ceux qui condamnaient dans son principe l'institution même des Courses, sans comprendre les services que cette institution avait déjà rendus et qu'elle était appelée à rendre.

Voyons d'abord les raisons données au nom du droit et de la morale par les orateurs qui combattirent l'innovation de l'article V.

« Vous commencez, disait à ses contradicteurs l'hono-

« rable M. de Lamarzelle, par punir de peines très « sévères l'exploitation du pari; vous proclamez que l'ex« ploitation du pari est un délit, mais vous déclarez « immédiatement après qu'il y aura une exploitation d'un « certain pari qui sera sanctionnée par la loi, vous « créez ainsi un véritable délit légal et ce délit légal, « c'est le Pari Mutuel. Les particuliers ne pourront pas « commettre le délit de jeu, mais l'État pourra com« mettre ce délit.

« Vous allez aggraver ainsi le mal produit déjà par les « jeux de courses et ce mal est déjà bien grand, ajoutait « plus loin, le député du Morbihan. Or, nous avons ici « un intérêt matériel de premier ordre à défendre : les « appointements des petits employés, les salaires des « ouvriers, le pain des déshérités et des faibles. Et vous « savez par quoi se chiffre cet intérêt matériel. M. le « Ministre de l'Intérieur l'a dit dans la séance du 31 juil« let 1890; c'est 30 à 40 millions par mois (1) ».

Et l'honorable M. Bérenger, renchérissant sur ces critiques, disait à la tribune du Sénat :

« Le but que l'on poursuit, ce n'est pas la diminution, « c'est le produit des paris dont on se sert comme d'un « appât. Eh! bien l'appât n'est pas plus moral que le fruit « direct de l'acte que nous condamnons tous. Où donc « s'arrêtera-t-on si l'on admet qu'il est permis d'employer

1. De Lamarzelle. Discours à la Chambre des députés, séance du 13 mai 1891.

« comme moyen de séduction ce que la Morale condam-« ne ? » (1) Et plus loin :

« Tous ceux qui croyaient en pariant faire un acte con-« traire à la Morale, au moins un acte repréhensible, tous « ceux-là seront désormais rassurés : c'est la loi elle-mê-« me qui les invitera au jeu en prélevant sur son produit « la part de la bienfaisance ». (2)

Après avoir relevé ces critiques, nous ne sommes pas peu surpris de trouver dans l'argumentation de M. Bérenger les paroles suivantes :

« Oui, il y a une chose qui est permise, qui doit tou-« jours l'être, car on ne pourrait la frapper qu'à la con-« dition de porter atteinte à la liberté de l'homme. Cette « chose, c'est que chacun peut parier comme il l'entend « et suivant le mode qui lui convient ».

Ainsi donc, l'adversaire le plus tenace de la Loi de 1891 reconnaît à tout homme la liberté de parier, mais il s'empresse de rendre cette liberté toute platonique en lui enlevant les moyens de le faire.

En effet, l'institution du Pari Mutuel, de cette loterie d'État est considérée par M. Bérenger comme funeste, et cela, dans des termes que nous avons cités plus haut, et qui ne peuvent laisser planer aucun doute sur les intentions de l'honorable sénateur.

Le Pari Mutuel disparu que reste-t-il ? Il reste le pari à la cote, mais M. Bérenger lui-même n'en veut pas, puis-

1. Bérenger. *Dicours au Sénat*, séance du 29 mai 1891.

2. Bérenger. *Discours au Sénat*, séance du 1er juin 1891.

qu'il accepte la rédaction de l'art. IV qui l'interdit formellement et que, sur ce point, il est d'accord, ce sont ses propres expressions, avec M. le Ministre et avec la Commission.

Il y aurait bien encore le pari au livre, mais outre que ce pari n'était guère pratiqué avant 1891, qu'il était localisé dans le salon des courses, il ne semble pas que l'honorable sénateur en ait eu connaissance, car nous n'en trouvons nulle part trace dans toute sa discussion.

Il est vrai que faisant bon marché de la liberté de chacun, on pourrait adopter une mesure radicale et supprimer tous les paris. Si nous nous reportons à notre introduction historique sur les Courses, nous voyons que cette suppression fut deux fois tentée : d'abord en 1887 par M. Goblet, puis en 1891 par M. Constans et que les deux fois elle amena les mêmes résultats : diminution rapide du chiffre des entrées sur les hippodromes, fuite du public des Courses aussi bien de celui du dimanche que de celui de la semaine, et comme conséquences, récriminations des Sociétés qui, ne pouvant plus couvrir leurs frais, se voient dans l'obligation de diminuer leurs allocations et de supprimer leurs subventions aux courses de province.

L'expérience, deux fois tentée, avait donc été très concluante, et si on voulait la poursuivre, il fallait se résigner au déclin progressif des Courses, puis bientôt à leur disparition complète. C'était, en un mot, l'institution même des Courses qui était en jeu et son utilité. Elles trouvèrent en la circonstance bien des détracteurs, mais les défenseurs de l'élevage devaient en définitif l'emporter. C'est le moment de résumer les arguments qui devaient militer en faveur de la Loi de 1891.

Ou peut envisager à deux points de vue les services que rendent les Courses : elles permettent de sélectionner les meilleurs reproducteurs, et elles stimulent les éleveurs qui sont récompensés de leurs efforts par les allocations offertes en prix.

Attachons-nous d'abord au premier point, en justifiant cette affirmation que les Courses sont le plus sûr criterium pour opérer des sélections.

Il nous paraît évident que les essais publics, plusieurs fois répétés, sur des distances variables et sous des poids différents, sont le meilleur, ou plutôt le seul moyen d'établir le mérite comparatif des chevaux de pur sang.

Il est trop facile d'affirmer que ces expériences sont souvent entachées d'inexactitude par suite de fraudes ou de préoccupations absolument étrangères aux intérêts de l'élevage. Nous dirons plus loin ce que nous pensons de cette manière d'envisager la situation ; pour le moment, nous serions très heureux qu'on veuille bien nous indiquer un autre moyen que la course publique, pour se rendre compte des qualités de vitesse et d'endurance, qui caractérisent tel ou tel produit de pur sang. Or, ces qualités sont absolument fondamentales, elles résument toutes les autres chez cet animal de race pure, destiné à infuser un sang nouveau aux sujets de classe inférieure qui menacent de s'abâtardir. On doit, en effet, remarquer que les races pures, pour peu que l'on s'abstienne dans les alliances de consanguinité trop rapprochée ou trop fréquente, ont seules le privilège de se perpétuer sans dégénérer, alors que pour conserver chaque espèce de métis avec ses traits caractéristiques, il est nécessaire de renouveler sans cesse le croisement qui l'a produite. D'où l'obligation de « conserver et de multiplier les races pures « afin d'obtenir les différentes espèces intermédiaires, ap- « propriées aux divers usages des civilisations modernes, « et qui forment le degré de la pyramide, dont le cheval « tout à fait commun est la base et le cheval pur sang le « sommet ».

L'utilité du pur sang ainsi démontrée, il nous reste à répondre aux objections de ceux qui prétendent que le cheval élevé et entraîné pour les luttes de l'hippodrome ne sera qu'un grand squelette « perché sur des échasses » ou, pour employer une expression consacrée dans le style hippique, qu'une vulgaire « ficelle ».

Les partisans de cette théorie n'ont pour eux que les apparences ; en effet, le cheval qui vient de subir un entraînement sévère et progressif, qui, bénéficiant d'une excellente forme, a pris part, dans un laps de temps souvent très court, à des épreuves répétées, peut paraître défraîchi et manquer de substance. Il est, ce que l'on appelle, surentraîné, et les connaisseurs ne s'y méprennent point lorsqu'ils voient la bête, à son arrivée sur l'hippodrome, déjà très nerveuse et toute couverte de sueur.

Mais, les plus prévenus modifieront leur opinion, lorsqu'ils reverront ces mêmes chevaux, quelques mois après leur arrivée au haras. Une transformation radicale se sera opérée et l'animal, qui, pour beaucoup, n'était sur l'hippodrome qu'une « grande carcasse efflanquée » aura pris de l'ampleur, se sera étoffé au point d'être méconnaissable. Je ne parle bien certainement que des animaux qui sont susceptibles d'être choisis comme reproducteurs, et qui par conséquent, doivent être considérés comme les meilleurs sujets de leur génération.

Pour terminer avec le pur-sang il nous reste à dire un mot des Courses d'obstacles ; nous nous étendrons plus longuement sur ce sujet, lorsque nous serons amenés à étudier le but poursuivi par la société des Steeple-chases. Pour le moment, contentons-nous de signaleur l'utilité de ces épreuves qui permettent d'apprécier chez un producteur de très sérieuses qualités : la force des reins et du jarret. Le cheval de pur-sang bon sauteur, susceptible de résister à des épreuves disputées sur des terrains accidentés, est nécessairement bien membré et capable de faire un excellent étalon de croisement.

Quant aux Courses de trot, elles sont aussi le seul moyen d'apprécier la vitesse et l'endurance d'un cheval et sur ce point leur utilité est aussi certaine que celle des épreuves de plat.

Nous l'avons dit plus haut ; les Courses qui, dans leur ensemble, permettent de faire un choix de reproducteurs, sont aussi le plus sûr procédé d'encourager les éleveurs, qui peuvent espérer rentrer dans leurs débours et être récompensés de leurs efforts. Examinons ce second point.

Le cheval de courses, en effet, a une valeur absolument relative, basée sur les espérances que l'on a de lui voir gagner des épreuves richement dotées. Nous aurons à parler plus loin des augmentations considérables, apportées dans les budgets des différentes Sociétés; mais il est d'ores et déjà très facile de prévoir que l'éleveur, qui a de beaux bénéfices en perspective, sera incité à multiplier les sacrifices, à tenter de nouveaux essais et à accroître le chiffre de ses poulinières pour augmenter les chances qu'il peut avoir de posséder un bon cheval et, partant, le plus souvent, un bon reproducteur.

Nous réservant de montrer par des exemples dans un autre chapitre, les progrès réalisés chez nous dans les différentes branches d'élevage, nous avons essayé de justifier en thèse générale le principe même des Courses. S'il est vrai d'une part que les Courses sont absolument nécessaires pour assurer le recrutement des reproducteurs, s'il est non moins certain que ces Courses ne peuvent se développer sans le jeu, une logique irréfutable nous amène à conclure qu'il faut, dans l'intérêt de l'élevage et de la remonte de notre armée, se plier aux nécessités, adopter en matière de jeu le système le moins nuisible et, comme on l'a dit bien souvent, lors de la discussion de la loi de 1891 « faire la part du feu », puisque comme l'affirmait l'amiral Rousse « les courses ne se « comprennent pas sans paris et les paris n'existent pas « sans abus ».

Il faut donc, disait M. Riotteau dans son rapport à la Chambre, examiner quel est le mode de pari qui présente le moins de dangers et avoir le courage de regarder la situation en face. Le meilleur moyen de se faire une opinion c'est de comparer le régime qui consacrait le triomphe des « bookmakers » à celui qu'a créé la Loi de 1891.

Il est facile de rappeler en peu de mots, ce qu'étaient les « bookmakers » au moment de leur splendeur : des industriels ingénieux qui, grâce à une nombreuse clientèle, réussissaient à « faire un livre » ; c'est-à-dire à calculer l'importance des sommes à recevoir, en proportion des différentes cotes offertes pour réaliser un bénéfice, quel que soit le cheval vainqueur.

Tel était du moins le principe sur lequel reposait une profession très lucrative ; mais certains « bookmakers » moins prudents ou désireux de réaliser plus vivement de gros bénéfices, n'hésitaient pas à se découvrir sur un cheval, quittes à employer des procédés indélicats pour empêcher la victoire d'un concurrent, victoire qui leur eût fait débourser la forte somme.

Dans ces conditions, « les Chevaliers du Livre » avaient beau jeu pour faire momentanément crédit à leurs clients, les poussant ainsi à jouer à terme et à engager des sommes plus considérables, qui devaient nécessairement tôt ou tard revenir dans la poche du « bookmaker ».

Sans insister sur une autre catégorie de « bookmakers » miséreux, qui recevaient les mises des clients peu expérimentés, pour déguerpir ensuite, si le cheval qu'ils avaient « donné » passait premier le poteau d'arrivée, nous rappellerons les nombreux abus qui se produisirent et qui amenèrent en 1885 un Commissaire de la Société d'Encouragement, M. de la Rochette, à demander dans un rapport, la suppression de ces industriels qui s'immiscaient partout et qui, disposant pour beaucoup de fonds considérables, empêchaient les propriétaires d'être maîtres dans leurs écuries respectives.

En regard de cette profession de « bookmakers », nous devons opposer l'institution du Pari Mutuel que créait la Loi de 1891. Qu'est donc le Pari Mutuel ? Une machine qui reçoit l'argent d'un côté et le rend de l'autre, ou, si l'on veut rappeler la définition même de M. Develle donnée au Sénat, « un système de pari organisé par les sociétés « de courses d'une façon absolument désintéressée, par « des sociétés qui n'ont pas intérêt à provoquer, à solli- « citer le pari, qui se bornent à servir d'une façon, en « quelque sorte passive et mécanique, recevant les enjeux « et distribuant aux gagnants l'ensemble des mises (1) ».

Ici donc, plus d'industriels à enrichir, plus de crainte que son « bookmaker » ne fuie au moment du règlement ; en un mot « possibilité d'être ruiné, mais certitude de n'être pas volé ». Et, sans parler de ruine, puisqu'une perte doit presque toujours résulter du jeu, ne vaut-il pas mieux que cette perte profite à l'élevage, soulage les infortunes et permette aux Sociétés d'augmenter les sommes distri-

1. Discours de M. Develle, séance de 29 mai 1881

buées en prix, au lieu d'accroître encore la fortune de quelque sommité du « betting ».

Restait contre le Mutuel une objection qui avait sa valeur, mais que les dispositions de la Loi de 1891 ne laissaient pas subsister. Nous avons en effet, vu, que l'essai de Mutuel, tenté par les Arrêtés ministériels de 1887, avait donné des résultats déplorables, en favorisant le développement de ces agences, organisées à tous les coins de rue de la Capitale, et qui recevaient, sous le fallacieux prétexte de remplir un mandat, des sommes, si minimes fussent-elles, qu'elles étaient censées porter au Mutuel. La rédaction de l'Art. IV de la Loi de 1891 ne devait pas permettre que cet état de choses se perpétuât.

En résumé, la Loi de 1891, faisait à notre avis œuvre utile ; elle réprimait les abus les plus criards et sacrifiait le moins possible à la passion du jeu, tout en respectant les intérêts de l'élevage et de la défense nationale.

Avant d'étudier les progrès réalisés en ces dernières années, il nous reste à indiquer les résultats strictement budgétaires de la Loi de 1891 et à expliquer les raisons, qui, à notre avis, font que chaque jour le total des mises engagées au Mutuel, augmente dans des proportions très sensibles. Nous dirons aussi un mot de ces coutumes sportives, si souvent décriées, et qui ont maintes fois, sous couleur d'études de mœurs, appelé l'attention des Moralistes, ou excité la verve des chroniqueurs.

V

Si nous consultons le relevé (1) des sommes engagées au Pari Mutuel, de l'année 1892 à l'année 1899, nous voyons que le total des mises s'est élevé de 169.799.779 francs à 255.678.085 francs ; soit une augmentation en chiffres ronds de 85 millions, c'est-à-dire de la moitié.

Le tableau ci-dessous nous permet aussi de remarquer que cette augmentation ne s'est produite que depuis l'année 1896, puisqu'en 1895 les sommes engagées étaient moins élevées qu'en 1892.

Comment expliquer ces versements de plus en plus considérables et doit-on s'effrayer outre mesure de cet état de choses ?

A son début, le Pari Mutuel ne conquit pas la faveur des joueurs qui s'effrayaient de ne pouvoir calculer par avance et avec exactitude le bénéfice escompté. Aussi

1. Du 2 juin au 31 décembre

1891.	5.823.683
1892.	169.799.779
1893.	189.498.877
1894.	183.473.061
1895.	163.018.413
1896.	197.295,477
1897.	213.193.692
1898.	221.400.799
1899.	255.678.085

beaucoup continuèrent-ils à jouer avec les « bookmakers », qui, pour échapper aux sévérités de la Loi, s'étaient transformés en « donneurs au livre » c'est-à-dire qu'ils étaient censés parier avec des personnes qu'ils connaissaient, et non avec « tout venant ». Le meilleur moyen de faire connaissance avec le « bookmaker », c'était de verser entre ses mains et comme gage, au début de la réunion, une certaine somme ; les différences se réglant après la dernière épreuve de la journée.

Mais les habitudes se sont peu à peu modifiées ; beaucoup de « bookmakers » qui opéraient, surtout dans les enceintes du pavillon et de la pelouse, ont disparu et ceux qui subsistent se sont vus très souvent forcés de donner des paris à la cote du mutuel. Pour se faire une idée approximative de cette cote et pour opérer si besoin des couvertures, les « bookmakers » se sont adjoints des calculateurs très adroits, qui arrivent à juger d'un seul coup d'œil la proportion des sommes engagées sur chaque cheval, et qui peuvent ainsi présumer le rapport éventuel.

D'autre part, les progrès réalisés dans l'élevage et en particulier dans l'élevage du demi-sang, ont singulièrement rapproché les concurrents sous le rapport de la valeur. Les chances respectives de chaque cheval sont ainsi de mieux en mieux équilibrées, et, comme dans toute épreuve, il doit y avoir un favori, la victoire chaque jour plus fréquente « d'outsiders » (1) amène des rap-

1. On entend par « outsiders » un concurrent dont les chances de succès sont considérées comme peu sérieuses.

ports très rémunérateurs qui attirent au Mutuel, une clientèle toujours plus nombreuse.

A ces raisons, ajoutons le développement tout récent du Mutuel sur les hippodromes de province. Au début de l'institution, les sociétés des départements hésitaient quelquefois à courir les risques d'une organisation, qui retirait aux hippodromes beaucoup d'animation, et qui était encore presque inconnue des joueurs d'occasion. Aujourd'hui, il n'en est plus ainsi : tout hippodrome, si petit soit-il, a son pari mutuel ; nous savons que les affaires y sont en général peu importantes, mais comme le nombre des hippodromes s'est considérablement accru, ces petites sommes réunies finissent toujours par former un sérieux total.

Enfin, à l'accroissement des recettes du Mutuel en 1899, il y a encore des raisons de circonstance. Un député, M. Chauvin, à la séance du 25 mars 1899, réclama, en effet, du Ministre de l'Agriculture, l'application stricte de la Loi de 1891 et une sévérité exemplaire dans la répression de l'industrie des « bookmakers ». Cette intervention parlementaire amena des mesures rigoureuses, prises par la Préfecture de police, pour interdire désormais tout pari, autre que le Pari Mutuel et dans ces conditions le chiffre des prélèvements devait nécessairement grossir dans de notables proportions.

Mais l'intervention de la Police n'a pas été de longue durée, car les procès-verbaux dressés et les poursuites exercées aboutirent à un non-lieu, rendu par un juge d'instruction du tribunal de la Seine, le 5 juillet 1899 et à un jugement du tribunal de Senlis, renvoyant des fins de la poursuite des « bookmakers » qui n'avaient parié qu'avec des gens qu'ils connaissaient.

Forts de cette nouvelle jurisprudence, les « bookmakers » se sont mis à exercer presque librement leur ancienne profession et il est vraisemblable, que l'augmentation constatée en 1899 dans les sommes engagées au Pari Mutuel, sera moins sensible cette année, bien qu'il faille tenir compte du plus grand nombre de spectateurs que n'ont pas manqué d'attirer dans la capitale, les fêtes de l'Exposition.

En résumé, il est supposable que l'on n'aura pas à l'avenir à constater dans les recettes du Mutuel, une aussi forte augmentation que depuis 1895.

Le total de 255 millions est d'ailleurs largement suffisant. Il paraîtrait même exagéré à beaucoup de personnes, mais si l'on songe à la quantité considérable de gens qui se rendent sur les hippodromes, on comprendra que le chiffre moyen de pari par tête n'est pas encore très élevé, et que la situation n'est pas aussi désolante que le laissent entendre les détracteurs des Courses.

Que n'a-t-on pas dit, d'ailleurs, contre cette malheureuse institution des Courses, et de quels épigrammes n'a-t-on pas criblé ceux qui ont l'imprudence de s'aventurer sur un hippodrome !

Ecoutons M. de Lamarzelle, citer dans son discours à la Chambre, des passages du livre de M. Guillot sur « les prisons de Paris ». « Toutes les fois qu'un patron vient « se plaindre, qu'un employé file avec la recette, la pre- « mière question qu'on lui pose est celle-ci : Va-t-il aux « courses? » et plus loin « les sportsmen coudoient les « repris de justice, et les grandes voitures qui vous écra- « sent et vous assourdissent les jours de courses pour- « raient aussi bien déposer la plupart de leurs clients, à « la porte de Mazas que sur les pelouses de Longchamps « et de Saint-Ouen. »

Dans son livre intitulé « *Autour des Courses* » un chroniqueur sportif, M. Louis Baume, accentuant encore la note pessiniste, écrit : « Ainsi, même dans le monde spé- « cial des courses c'est à qui volera son voisin, et on ne « se contente pas de voler le public, on se vole entre soi. « C'est, à tous les degrés, la filouterie perpétuelle » (1).

Si telle était la vérité, il paraîtrait d'abord assez étrange de voir l'Etat réglementer le jeu sur les hippodromes (et en cela il ne fait qu'imiter, comme nous verrons plus loin, la plupart des gouvernements étrangers), et encourager officiellement de ses deniers une institution où présideraient des mœurs aussi dépravées. Mais fort heureusement, les tableaux, qu'on nous a tracés des habitudes et des mœurs sportives, sont tellement poussés au noir qu'il semble nécessaire d'en relever l'exagération.

On s'attaque d'abord au public des courses, et pour un peu l'on affirmerait qu'il n'est composé que de bandits.

1. Louis Baume, *Autour des Courses*, page 150.

On a ainsi tôt fait de généraliser, mais la vérité oblige à faire des distinctions dans une assistance assez bigarrée, il est vrai, et composée d'éléments disparates.

Mettons tout d'abord à part le public des dimanches, très nombreux comme chacun sait, et où prédominent des gens qui, retenus à leur travail toute la semaine, trouvent très naturel de satisfaire aux prescriptions hygiéniques qui commandent le grand air, tout en assistant à un spectacle attrayant par plus d'un point. Peu de personnes, nous pensons, oseront soutenir que les « turfistes » de cette catégorie verront leur sentiment moral s'atrophier, parce qu'ils s'aventurent chaque semaine sur un hippodrome où ils sacrifient, pour corser l'intérêt, quelques modestes sommes qu'ils dépenseraient, à coup sûr, en d'autres distractions.

Si nous passons au public quotidien, clientèle ordinaire des hippodromes suburbains, que voyons-nous? Toujours les mêmes silhouettes et les mêmes personnes; c'est une assistance qui se renouvelle très peu, ce qui tout d'abord tendrait à prouver que les joueurs invétérés mettent plus de temps à se ruiner qu'on ne pourrait d'abord le supposer. Car de deux choses l'une ; ou bien ces « sportmen » de tous les jours ont une fortune dont ils sont libres de disposer et nous ne voyons pas pourquoi on emploie les grands mots de « petits pécules » et de « salaires d'ouvriers », ou bien les habitués de l'hippodrome sont des miséreux et alors, s'il est vrai qu'ils soient volés, comme on l'avance quelque peu imprudemment, ils devraient bientôt disparaître du Turf, faute d'avoir les plus modestes ressources. Or, il n'en est pas ainsi, puisque tous les fervents des Courses sont unanimes à déclarer que sur les hippodromes on voit toujours les mêmes personnes, et ces personnes, joueuses invétérées, si elles n'allaient pas aux Courses ne manqueraient pas de perdre leur argent dans quelque cercle.

Les vrais abus qu'il fallait combattre, le mal qu'on a eu raison de signaler et de faire disparaître, résidait dans ces agences de Commission dont le nombre s'était multiplié d'une façon inquiétante dans Paris et qui acceptaient les mises les plus minimes. Certes, il y avait là un terrible danger. La Loi de 1891 a fait œuvre saine, en interdisant ces agences qui avaient transformé le pari aux Courses, en un véritable fléau.

Il restait à empêcher la publication d'annonces sensationnelles, dans lesquelles des « tipsters » (1) faisaient miroiter aux yeux des naïfs d'invraisemblables résultats. Ces donneurs de pronostics avaient réussi à tourner le paragraphe II de l'art. IV de la Loi de 1891 en recommandant d'envoyer les fonds à l'étranger. Une addition à ce paragraphe, voté le 19 avril 1900 est venue remettre les choses au point, en rendant passibles des peines portées à l'art. 410 du Code pénal, ceux qui « par des avis, circulaires, « prospectus, cartes-annonces ou par tout autre moyen

1. On entend par tipsters des gens qui prétendent donner des renseignements presque infaillibles sur la chance des concurrents d'une épreuve.

« de publications, auront fait connaître, soit en France, « soit à l'étranger, l'établissement d'agences ou de per- « sonnes vendant des renseignements ».

Restent les griefs formulés contre les personnes qui jouent dans les Courses un rôle prépondérant, propriétaires, jockeys, entraîneurs, etc., et qui, si l'on en croit les gens mal intentionnés, ne songeraient qu'à se duper les uns les autres. Au risque de paraître d'un optimisme exagéré, nous soutiendrons que, sur ce point, on a encore pris l'exception pour la règle générale. Certes il y a des fraudes aux Courses, mais elles sont beaucoup moins nombreuses qu'on ne le suppose ordinairement. Si l'on pense que le cheval n'est pas une machine et que, partant, il est, comme tout homme, sujet à de mauvaises dispositions, si l'on envisage ce fait, que, grâce aux progrès réalisés en matière d'élevage, un simple kilo de plus ou de moins peut modifier la chance respective de deux concurrents, si l'on ajoute enfin à tout cela les questions de distance, de terrain, éléments qu'il faut nécessairement faire intervenir, on sera amené à conclure, que les combinaisons les plus savamment échafaudées peuvent être détruites pour un détail, en apparence insignifiant, et qu'à tout prendre, le plus sûr moyen de se défendre, c'est encore de faire courir suivant les préceptes de l'ordinaire loyauté.

Il est cependant un moyen de gagner, à coup sûr, en se livrant à d'indélicates manœuvres. C'est celui de

« faire donner (1) » un cheval qu'on est certain de pouvoir empêcher de gagner : il ne s'agit plus alors de chercher le vainqueur probable d'une course, mais il suffit de savoir que tel ou tel concurrent ne triomphera pas. Mais ces agissements, qui visent toujours des chevaux favoris, finissent souvent par être percés à jour et le moindre contrôle des Commissaires pourrait les faire définitivement disparaître.

Les journaux apportent souvent aux plus profanes l'écho des manifestations tumultueuses qui ont marqué la défaite de tel ou tel favori. Si ces protestations sont quelquefois justifiées, il faut bien dire, que le plus souvent, elles ne sont étayées sur aucune présomption sérieuse. Elles partent, en effet, d'un public de joueurs, de gens qui ont un intérêt dans la course, qui par conséquent ne sont pas impartiaux, et qui ont une instinctive tendance à penser que le cheval de leur choix doit, toujours et malgré tout, gagner. Or, il n'est pas besoin d'avoir une longue expérience du Turf, pour constater, qu'il y a fréquemment des chevaux que l'on fait favoris, on ne sait trop pourquoi, et qui n'ont aucun titre, soit dans leurs performances antérieures, soit dans leur origine, à un engouement basé sur des racontars ou d'invraisemblables histoires.

Nous n'ignorons pas qu'en soutenant cette thèse, nous

1. Dans le style sportif on entend par « faire donner » un cheval, le fait d'accepter sur sa chance de nombreux paris après avoir pris les précautions nécessaires pour rendre sa victoire impossible.

allons contre des idées généralement reçues; mais on ne saurait nous en vouloir de défendre une opinion qui correspond à notre plus sincère pensée et qui, selon nous ,est l'expression de l'entière vérité.

Nous avons résumé les arguments qui ont milité en faveur du vote de la Loi de 1891, et qui ont fait prévaloir une solution conforme aux intérêts de l'élevage. Nous avons montré, que l'Etat avait eu raison de réglementer ces paris, justement considérés comme nécessaires à la prospérité des courses, et qui sont loin d'engendrer tous ces maux qu'on leur attribue généreusement. Enfin, nous avons soutenu, parce que telle était notre opinion intime et au risque de battre en brèche bien des convictions, que l'institution même des Courses ne méritait pas le discrédit où elle était tombée, ni les sévères reproches qu'on lui adressait.

Il nous reste maintenant à envisager les résultats qu'a donnés l'application pratique de cette Loi de 1891. Pour apporter plus de clarté dans notre exposé, nous étudierons le développement progressif de chacune des grandes Sociétés. Nous verrons si notre élevage suit une marche ascendante et si la direction qui lui est donnée sauvegarde suffisamment les obligations imposées par la défense du territoire. Enfin, pour finir, nous nous demanderons s'il n'y a pas quelques progrès à réaliser et quelques abus à réprimer.

VI

LES RÉSULTATS OBTENUS

Les trois grandes Sociétés mères qui président au développement des Courses en France sont :

a). — La Société d'Encouragement pour l'amélioration des races de chevaux en France, qui donne ses réunions sur les hippodromes de Longchamps et de Chantilly.

b). — La Société des Steeple-chases qui exploite l'hippodrome d'Auteuil.

c). — La Société pour l'amélioration des chevaux de demi-sang, qui fait courir sur les hippodromes de Vincennes et de Neuilly-Levallois.

Nous allons successivement examiner l'évolution progressive de chacune de ces Sociétés en insistant tout particulièrement sur les faits récents qui ont marqué ces dernières années.

a.— *Société d'Encouragement pour l'amélioration des races de chevaux en France.*

La Société d'Encouragement, nous l'avons déjà indiqué dans notre exposé historique, fut créée en 1833. Elle se composait de 12 membres fondateurs, tous choisis dans les rangs de la plus haute aristocratie, mais autour de ce noyau, se groupèrent bientôt tous les vrais admirateurs du cheval, tous ceux qu'intéressaient les questions relatives à la race chevaline et à son amélioration.

Dès le début, la Société fit connaître son programme pour bien préciser le rôle qu'elle voulait remplir et aller au-devant des critiques qu'elle savait devoir lui être adressées. Après avoir constaté la situation déplorable de notre élevage, fait ressortir le manque de direction et d'esprit de suite, qui se manifestait par un désordre complet, les nouveaux associés citaient l'exemple de l'Angleterre, et indiquaient les magnifiques résultats qu'avait donnés chez nos voisins, l'emploi de l'étalon de race pure pour l'amélioration des races secondaires.

Forte de cet exemple, la Société se proposait de s'adresser à l'étalon de pur-sang anglais, pour obtenir la régénération de la race ; et, pour que son intervention soit plus efficace, elle concentrait toute son action sur la race pure, base de tous les progrès à accomplir.

Les Courses apparaissaient alors dans toute leur utilité puisque c'était par elles que les Anglais étaient arrivés à opérer des sélections, et à distinguer les produits les plus aptes à la reproduction. Pour sauvegarder les intérêts de notre élevage, pour ne pas l'exposer, dès ses premiers pas, à une concurrence, dans laquelle il aurait succombé, la Société devait réserver la totalité de ses allocations à des produits nés et élevés en France. Ce furent, en effet, ces principes qui présidèrent à l'élaboration du règlement, auquel il n'a été apporté, sur ce point, d'ailleurs, aucune modification.

Les ressources de la Société devaient tout d'abord être bien modestes; les cotisations des membres en formaient le plus sûr appoint, mais malgré ces sources très limitées de revenus, 20.700 fr. de prix, furent inscrits au budget de 1834. L'Administration des Haras, bien qu'hostile à l'innovation, avait donné son concours pour pouvoir imprimer au mouvement une direction moins révolutionnaire. La Société avait accepté, par nécessité pécuniaire, l'aide administratif, bien décidée à s'en affranchir aussitôt que les circonstances le lui permettraient; et en 1864, la situation devenue très prospère, incita le Comité à recouvrer sa pleine liberté d'action.

Il n'entre pas dans notre plan de signaler toutes les améliorations apportées, dont quelques-unes ont trouvé place dans l'exposé historique. Nous avons cherché à donner une idée du but poursuivi par la Société. Ecartant les détails, nous allons envisager les résultats dans leur ensemble.

En ce qui touche plus particulièrement la question des allocations, quelques chiffres sont nécessaires.

Le budget de la Société d'Encouragement pour l'année 1898, s'élevait au chiffre global de 3.099.000 francs sur lesquels plus de 500.000 francs étaient attribués aux courses de province.

Pour l'année 1900, la Société distribuera à l'élevage

3.270.000 francs : on est loin des 34.000 francs de 1834.

Depuis sa création, la Société d'Encouragement aura donné en prix la somme énorme de 67.331 440 francs (1).

Il est inutile d'épiloguer longuement sur ces chiffres qui ont leur éloquence et qui prouvent plus que toutes les dissertations. Complétons-les par quelques exemples bien faits pour nous donner une idée de l'importance des plus gros prix.

A tout seigneur, tout honneur; commençons par le Grand Prix de Paris, dont la réputation n'est plus à faire et dont l'approche chaque année met en émoi le commerce parisien. Ce Grand Prix de Paris, créé en 1863, avec une allocation de 100.000 francs a vu cette allocation doublée en 1892, si bien qu'en ajoutant le montant des entrées et des forfaits, le propriétaire de l'heureux vainqueur touche en moyenne de 250 à 260.000 francs. Faisons remarquer en passant qu'il n'y a pas dans le monde entier de prix qui offre aux éleveurs un plus grand avantage que le Grand Prix de Paris ; en raison du taux minime du premier forfait, qui est de 100 francs seulement, ils peuvent y engager, presque sans compter, tous leurs produits et augmenter ainsi leur valeur marchande.

Le Prix du Conseil Municipal d'une valeur nominale de 100.000 francs et que l'on a déjà appelé le Grand Prix d'Automne fut créé en 1892, au lendemain de la prorogation du bail consenti à la Société par la Ville de Paris.

1. Marquis de Barbentane, *op. citée.*

Les deux grandes épreuves internationales dont nous venons de parler sont offertes au nom de la Ville de Paris, bien que les allocations en soient fournies, pour une très grande partie par la Société d'Encouragement; c'est par ce moyen que l'on arrive à admettre les concurrents étrangers qui, on le sait, sont exclus par le règlement des courses de la Société.

Citons encore sur la liste des grandes épreuves le prix du Jockey-Club, dont le montant est de 100.000 fr; enfin, quelques courses comme la Poule des poulains et celle des pouliches, la Grande Poule qui ne figurent au programme qu'avec des allocations de 30 ou 40.000 fr.; mais qui en réalité s'élèvent à près de 100.000, par suite du prix très élevé des entrées et forfaits. C'est l'application assez rare chez nous du système anglais qui consiste à faire payer, par les propriétaires des chevaux engagés, ces sommes énormes, qui, au premier abord,font illusion.

Le critérium le plus sûr des progrès réalisés réside dans la comparaison que l'on peut établir entre la valeur de nos champions et celle des concurrents étrangers. Sur ce point aucun doute, non plus, ne semble pouvoir exister et l'on peut constater, non sans une certaine satisfaction, que depuis 10 ans, les Anglais, qui auparavant avaient partagé avec nous l'honneur de triompher dans notre Grand Prix n'ont pas renouvelé leur exploit. On dira, il est vrai, que des allocations beaucoup plus élevées de l'autre côté du détroit, dispensent les meilleurs chevaux anglais de chercher à cueillir chez nous quelques lauriers. S'il y a dans cette affirmation une part de vérité, on ne saurait cependant oublier la défaite retentissante du concurrent anglais « Machbox » pour la sécurité duquel on avait mobilisé la police parisienne, et qui se présenta dans notre grande épreuve avec un prestige que seule put amoindrir la défaite que lui infligea « Dolma-Baghté. »

Nous n'avons pas craint non plus d'envoyer nos champions se mesurer en Angleterre. Le souvenir de « Gladiateur » est classique dans les *Annales sportives*. Le cheval remporta en 1863 le Derby anglais, et l'amour-propre national reçut dans la circonstance une telle satisfaction que tous les députés se levèrent, lorsque le propriétaire de Gladiateur, le Comte de Lagrange, retour d'Epsom, fit sa rentrée au Corps Législatif, dont il était membre.

Il est vrai que le succès de Gladiateur n'a pas été renouvelé, mais depuis, plusieurs concurrents français ont triomphé en Angleterre. Pour ne citer que les victoires les plus récentes, rappelons celle de « Le Justicier » dans les Eclipse-Stakes, et celle d' « Elf » dans la Coupe d'Or d'Ascot. L'an dernier, notre champion « Holocauste » aurait, de l'avis des meilleurs juges, suivi l'exemple de « Gladiateur » sans l'accident qui l'arrêta dans la dernière partie du parcours.

Grâce au développement considérable pris par les Courses, les prix d'achat ont augmenté dans de sérieuses proportions. Nous avons déjà rappelé l'exemple tout récent de « Flying-Fox », pour l'achat duquel M. Ed. Blanc n'a pas hésité à sacrifier près d'un million, et dont le prix de saillie est fixé à 10.000 francs, ce qui laisse aisément présumer les valeurs énormes qu'atteindront les produits lorsqu'ils seront en état d'être mis à l'entraînement. Dans ces conditions, il n'est plus étonnant de voir un propriétaire, le duc de Gramont, payer 85.000 francs un yearling (1) aux dernières ventes de Deauville.

Mais ces chiffres signifieraient bien peu de chose s'ils n'avaient été accompagnés de brillants résultats, touchant la structure, la conformation et les qualités d'endurance de nos pur-sang. Sur ces points, il faut se contenter d'affirmations, mais ces affirmations n'en ont pas moins de valeur, lorsqu'elles ont pour base l'opinion émise par la presque unanimité des hommes compétents dans la matière; et les acclamations qui saluèrent à Vincennes l'exhibition des pur-sang exposés par nos Haras nationaux, sont bien faites pour confirmer les opinions les plus optimistes.

On peut sans crainte soutenir que la Société d'Encouragement a atteint le but qu'elle s'était proposé, et l'autorité dont elle jouit aujourd'hui n'est que la récompense méritée de ses longs et persévérants efforts.

b. — *Société des Steeple-Chases.*

La Société des Steeple-Chases a été fondée en 1863, dans le but de jouer, pour les courses d'obstacles, le rôle

1. On appelle yearling un produit de 18 mois, qui est sur le point d'être mis à l'entraînement.

que s'était fixé la Société d'Encouragement pour les courses plates. Mais la tâche de la nouvelle Société était autrement facile à remplir que celle de sa sœur aînée : le terrain était non seulement déblayé, mais déjà suffisamment préparé ; le goût des courses d'obstacles était répandu en France, et le but de la Société des Steeples devait surtout consister à donner une direction aux efforts disséminés, à imposer une réglementation unique à des épreuves organisées sans méthode et sans base sérieuse.

Quant au principe même du Steeple-Chase, il repose sur l'idée de soumettre les chevaux à de longues et dures épreuves, disputées sous des poids élevés et sur des parcours difficiles, afin que les qualités de sauteur des concurrents, leur endurance et leur aptitude à servir d'étalons de croisement, puissent être mises en évidence.

Nous réservant d'apprécier plus loin la manière dont ces principes ont été pratiqués, nous nous contenterons de signaler les progrès réalisés sous les auspices de la Société des Steeple-Chases.

La codification qu'elle s'était proposée, l'unité de direction qu'elle voulait obtenir furent bien vite réalisées, et l'on peut dire aujourd'hui que les épreuves d'obstacles, disputées sur les hippodromes de province, sont presque toutes soumises au règlement de la Société des Steeples.

Les résultats pécuniaires ont été exceptionnellement brillants : c'est la conséquence inévitable de la faveur qu'ont toujours eue, auprès du gros public, ces courses au spectacle attrayant et où l'imprévu joue un si grand rôle. Les spectateurs peuvent ainsi souvent réussir des paris qui tiennent presque uniquement du hasard, ce facteur toujours favori des foules.

Quelques chiffres nous renseigneront sur la situation prospère de la Société. En 1874, 14 réunions étaient données à Auteuil, avec 150.000 fr. de prix, 20 ans plus tard, en 1894, 41 journées sont inscrites au programme et les allocations s'élèvent à 1.741.300 fr. En 1898, le total des sommes distribuées, est de 2.954.105 fr.

Il est bon d'ajouter que la Société des Steeples ne se borne pas à favoriser les courses d'obstacles, mais qu'elle encourage aussi les courses de trot, par des prix de 2000 et de 4000 fr. donnés en province, et les courses d'Anglo-Arabes.

Sur le total des épreuves courues à Auteuil, une vingtaine sont ouvertes aux chevaux étrangers et dans ce nombre, le Grand Steeple (120.000 fr.), la Grande Course de haies (50.000 fr.) et le prix du Président de la République (50.000 fr.). Les Anglais n'ont pas été heureux dans notre Grand Steeple, depuis la victoire de « Skeddalle » ; mais ils ont remporté la Grande Course de Haies, en 1897, avec « Count Scheinberg » et cette année leur succès a encore été plus concluant dans la même épreuve.

Tous ces résultats méritent d'être pris en sérieuse considération et des débouchés très importants sont ainsi ouverts aux propriétaires. A ce point de vue, l'élevage trouve dans les courses d'obstacles un excellent encouragement, mais si l'on envisage la production de l'étalon de croisement, qui, somme toute, est le but essentiel à poursuivre, nous verrons que des réformes nombreuses et importantes semblent nécessaires.

c. — *Société pour l'amélioration des chevaux de demi-sang.*

La Société d'encouragement pour l'amélioration du cheval français de demi-sang, a été fondée à Caen en 1864, par un groupe d'éleveurs de Normandie. Quelques tentatives avaient eu lieu auparavant sur l'initiative d'un Inspecteur des Haras M. Ephraïm Houel, et plusieurs hippodromes avaient été créés dans certaines villes des départements de la Manche, du Calvados et de l'Orne ; mais les budgets des Courses au trot n'en restaient pas moins très modestes et en 1864, ils ne s'élevaient qu'à 92.000 fr., y compris les subventions de l'Etat, des départements et des villes.

Les Courses au trot doivent être pour le demi-sang ce que les Courses au galop sont pour le pur-sang, c'est-à-dire des épreuves propres à mettre en relief les qualités de tout reproducteur. Il ne nous appartient pas de rappeler ici tous les croisements qui ont été faits et dont les résultats heureux se trouvent condensés dans cette création d'une race trotteuse, dont nous pouvons, à juste titre, nous enorgueillir. Les épreuves au trot n'existent d'une manière régulière que depuis quarante ans seulement, et l'observation la plus superficielle nous apprendra que nos trotteurs sont maintenant bien confirmés, et que tous font partie d'une des cinq familles désignées par le nom des cinq étalons qui devaient faire souche : Conquérant, Normand, The Heir-of-Linne, Lavater, Niger.

Certains prétendent que cette race trotteuse, aujourd'hui confirmée, est excellente pour figurer sur les hippodromes, mais qu'elle ne peut avoir qu'une influence bien lointaine sur l'amélioration du cheval de selle et du carrossier. Nous répondrons que dans tous les concours et en particulier dans celui de Vincennes, qui doit surtout nous servir d'exemple puisqu'il est le plus récent, les premières primes ont été obtenues dans les catégories des chevaux d'attelage par les produits d'étalons qui s'étaient illustrés sur les champs de courses (1.) Pour ce qui touche le cheval de selle, le rapport du Directeur des Haras sur l'exercice 1897, rapport que nous avons déjà cité, nous apprend que parmi les chevaux achetés par l'Administration des Remontes, ce sont les fils de trotteurs réputés qui ont atteint les prix les plus élevés.

Il est un point sur lequel tout le monde est d'accord : c'est l'augmentation de la vitesse chez nos trotteurs. On pourrait à ce sujet multiplier les exemples et trouver la matière d'un livre, qui ne manquerait par d'être intéressant pour les amateurs. Pour nous en tenir à une seule preuve, prenons le Derby des Trotteurs, disputé à Rouen et qui jusqu'à ces dernières années, était l'épreuve de trot la plus richement dotée. Nous voyons que la distance de 3.200 mètres était parcourue, lors du Derby de 1882

1. Catalogue publié à l'occasion de l'Exposition de Vincennes.

en 5 m. 41 par le vainqueur Beaugé. En 1887, Gerance fournissait le parcours en 5.25. En 1892, L'Estafette trottait les 3.200 mètres en 5.17. Enfin, en 1898, Redowa obtenait le record de 4 m. 59, vitesse qui a été encore augmentée par le triomphateur de cette année, le fameux Trinqueur. Il en résulte qu'un cheval qui, il y a 10 ans, pouvait trotter le kilomètre, sur le pied de 1 m. 40 était considéré comme extraordinaire et susceptible de glaner les plus belles épreuves. Quand nous aurons dit que le meilleur trotteur de l'année fournit son kilomètre couramment en 1 m. 33 et qu'au moment où nous écrivons, 40 chevaux de 3 ans, ont obtenu le record de 1.40, nous aurons, ce semble, donné les indications suffisantes, pour que l'on puisse mesurer d'un seul coup d'œil toute l'importance des résultats obtenus.

Il était juste que des subventions chaque année plus considérables, vinssent récompenser d'aussi sérieux efforts et consacrer le succès. Mais, l'utilité incontestable des courses au trot n'avait pu commander l'intérêt que les joueurs pouvaient y trouver, en tant que spectacle, et jusqu'à ces dernières années le public parisien les délaissait totalement. Fort heureusement, la Société du demi-sang eut l'excellente idée de donner des courses plates sur son hippodrome, et de consacrer aux trotteurs les bénéfices qu'elle pouvait en retirer. De même furent instituées des réunions mixtes, dans lesquelles deux épreuves de trot, adroitement intercalées au milieu d'épreuves d'obstacles, amenèrent le public à comprendre et à apprécier un sport, qu'il ne connaissait point.

Toutes ces tentatives ont été couronnées de succès. Le budget de la Société du demi-sang a suivi chaque année une marche progressive, et les allocations prévues pour 1900 se montent au chiffre considérable de 1.834.300 francs.

Les augmentations paraîtront encore beaucoup plus sensibles, si l'on s'en tient uniquement au montant des prix principaux. Il n'y a pas bien longtemps, et cette assertion est encore aujourd'hui vraie pour la province, qu'une somme de 1000 francs donnée au premier paraissait être une généreuse rémunération. Le Derby de Rouen dont le vainqueur recueillait environ 25.000 francs était le trophée que rêvait de gagner, pour consacrer sa réputation, tout éleveur de demi-sang. Que de chemin parcouru dans l'espace de cinq ans, quand on considère que les prix de 10.000 francs offerts par la Société du demi-sang, sur son hippodrome de Levallois, sont aujourd'hui chose courante et que cette année un prix de 100.000 francs a été disputé à Vincennes !

Malgré tout, il y a encore beaucoup à faire et les résultats des réunions internationales disputées ces jours derniers, en sont la preuve la plus convaincante. Le meilleur de nos champions à l'attelage n'a pu exister contre les Russes et pas un seul de nos chevaux n'a osé se mesurer contre les Américains. Il serait néanmoins hors de propos de se désoler, car notre infériorité vis-à-vis des étrangers comporte beaucoup d'atténuations. Remarquons d'abord que si nous n'avons pas osé affronter la lutte dans les courses au trot attelé, la réciproque est presque vraie pour les courses au trot monté dans lesquelles un seul cheval italien s'est présenté, d'ailleurs sans succès. Sous la selle donc, notre supériorité ne semble pas pouvoir être mise en doute.

En ce qui touche l'attelage, une explication est également nécessaire, et il serait même surprenant de ne pas être battu par des Américains et par des Russes, qui récoltent le fruit des efforts faits pendant plus d'un siècle, alors que c'est seulement depuis quarante ans que nous nous appliquons à produire des trotteurs ; sans compter que les champions étrangers, contre lesquels il nous aurait fallu lutter étaient âgés d'au moins sept ans, tandis que nos chevaux qui servent de termes de comparaison, sont dans leur troisième et quatrième années. Ce qui prouve une fois de plus que les faits pris dans leur ensemble n'ont de valeur, qu'autant que les mêmes circonstances et les mêmes conditions président à l'élevage des animaux, dont on veut apprécier le mérite comparatif.

Ces quelques explications suffiront pour montrer les immenses services rendus par la Société du demi-sang, à la cause du trotting, et cela, dans un espace de temps relativement très court. Ces succès sont d'autant plus méritoires, que les initiateurs de 1864 avaient à combattre des idées préconçues très enracinées, et que pour faire triompher leurs projets, ils ne disposaient que de modestes ressources.

d. — Nous ne pouvons insister sur les autres Sociétés qui se sont créées ou qui ont été modifiées à la suite des prescriptions de la Loi de 1891. La plus importante, à coup sûr, est la Société Sportive, qui exploite les hippodromes de Maisons-Laffitte, de Saint-Ouen et d'Enghien et dont le budget pour 1900 se monte à 3.119.500 fr. La Société Sportive donne des réunions de plat et d'obstacles ; elle encourage le trotteur par des subventions en province et son Comité est certainement celui auprès duquel les idées nouvelles trouvent le plus de faveur.

La Société du Sport de France, à qui appartient l'hippodrome de Colombes, inscrit à son budget pour l'année 1900, la somme de 532.000 fr. Cette Société, qui en principe avait pour but de développer les courses de gentlemen et d'officiers, en formant des cavaliers, s'est quelque peu modifiée depuis deux ans et a inséré dans ses programmes de nombreuses épreuves réservées aux apprentis Jockeys.

Après avoir ainsi étudié le fonctionnement et le but des Sociétés de courses, nous jetterons un coup d'œil d'ensemble sur les augmentations apportées, en ces dernières années, dans le budget général des Encouragements à l'industrie chevaline. Le tableau D des annexes résume toutes les subventions accordées depuis 1891. Nous y remarquons un accroissement très sensible des sommes consacrées à l'élevage puisque le total qui n'était que de 9.153.156 fr. en 1891 est passé à 13.428.637 fr. en 1898, sans compter les prix distribués dans les concours de pouliches, d'étalons et de dressage. Si nous réunissions toutes ces sommes, nous arriverions pour 1898, au total de 16.184.308 fr.

Dans le budget spécialement réservé aux Courses, une remarque très importante doit être faite. Le tableau D nous montre que si les allocations ont augmenté dans des proportions considérables, la part de l'Etat est restée sensiblement la même. Ce qui amène à formuler cette conclusion :

Le développement pris par les Courses ne peut être mis en doute et les chiffres officiels permettent de constater des augmentations très sensibles dans les sommes distribuées en prix ; mais cette évolution progressive s'est faite sur la seule initiative des Sociétés. L'Etat n'y a pas contribué de ses deniers, et s'est contenté de contrôler l'application des prescriptions de la Loi de 1891, que nous avons étudiée.

VII

La constatation des progrès réalisés ne suffit pas, et il est nécessaire de signaler les inconvénients des mesures adoptées pour y apporter, si possible, quelques remèdes. En matière hippique, pas plus que partout ailleurs, la perfection n'a jamais été obtenue.

Nous avons défendu avec sincérité l'institution des Courses, et cherché à en démontrer l'utilité, qui, selon nous, devrait pourtant être hors de toute discussion. Aussi, ne pourra-t-on nous accuser de partialité, et nous reprocher d'avoir contre les Courses des idées préconçues, quand nous soutenons qu'on a abusé de l'épreuve publique et qu'un grand nombre de réunions sont à tout le moins inutiles. Ajoutons même que le principe de l'institution a été perdu de vue et que son application est aujourd'hui désormais impossible.

Au risque de nous répéter, nous devons encore une fois affirmer que les Courses ont pour but d'opérer des sélections parmi les reproducteurs, et d'accorder aux meilleurs de ceux-ci des subventions destinées à dédommager les propriétaires des sacrifices qu'ils se sont imposés. Or, il paraîtra bien difficile, d'établir le mérite comparatif de concurrents qui tous, bons ou mauvais, trouvent le moyen de remporter des victoires, ce qui encourage à maintenir à l'entraînement les pires médiocrités.

L'état de choses, contre lequel nous nous élevons, a encore un autre inconvénient : en effet, les meilleurs sujets d'une génération, trouvant ainsi des prix très importants qu'il leur est facile de cueillir sans fatigue, évitent avec soin de rencontrer les concurrents qui pourraient les obliger à fournir le maximum d'efforts, si bien qu'un partage judicieux se fait le plus souvent et que de moins en moins nous assistons à ces rencontres sensationnelles entre véritables champions, rencontres qui seules répondraient au véritable but des Courses en nous renseignant sur la valeur respective des meilleurs chevaux.

Mais ces critiques sont encore peu de chose, comparativement aux objections que soulève l'application faite en France des courses d'obstacles. Leur utilité reconnue consiste à former de bons sauteurs qui puissent plus tard servir d'étalons de croisement. Or, si paradoxal que cela paraisse, on peut soutenir que nous n'avons aujourd'hui ni sauteurs ni étalons de croisements. Il semble nécessaire de s'expliquer.

On peut disons-nous, très raisonnablement soutenir que nous n'avons pas aujourd'hui de bons sauteurs. La meilleure preuve que l'on puisse en donner, c'est la coutume chaque jour plus ancrée dans nos mœurs sportives, de sacrifier des sommes très élevées à l'achat de chevaux d'obstacles et de sortir ces chevaux, dans des épreuves publiques, après un dressage superficiel de quelques jours. Tant qu'il s'agit de franchir de simples haies, le résultat est encore acceptable, mais lorsque l'on passe aux Steeples, on en arrive à constater une perpétuelle série de chutes. Et les quelques chevaux qui accomplissent correctement les parcours des hippodromes parisiens, ne le font ni par adresse, ni par habileté, mais par une simple habitude et par la connaissance qu'ils ont du trajet. Aussi, ces Steeple-chasers, soi-disant confirmés, si on a la malheureuse idée de les risquer sur des hippodromes de province, ne manquent jamais de rester en détresse devant des obstacles qu'ils n'ont pas l'habitude de franchir et dont ils ne connaissent pas les difficultés.

Il faudrait donc rendre les obstacles plus sévères, ce qui obligerait les entraîneurs à donner à leurs élèves un dressage plus complet. Qu'on ne vienne pas nous objecter la crainte d'accidents, car nous ferons immédiatement observer que les chutes les plus sérieuses se sont produites sur de simples haies, et dans des épreuves disputées à une allure vertigineuse.

Nous avons en second lieu avancé que nous n'avions pas d'étalons pur-sang de croisement; donnons des preuves à l'appui de notre affirmation : il est entendu que le steeple-chase doit permettre de discerner la valeur de ces étalons, mais cette valeur une fois démontrée par les épreuves publiques, il semblerait logique de permettre à ces étalons de remplir leur rôle de reproducteurs, Or, il n'en va pas ainsi dans l'état actuel des choses ; pareils à des écoliers qui passeraient toute leur vie à subir des examens, les Steeple-Chasers, de par le règlement, peuvent indéfiniment courir, et il est loisible aux propriétaires de les user « jusqu'à la corde ». Les seuls étalons de croisement, que l'on a actuellement, le sont par nécessité et parce qu'un accident, à ce point de vue très avantageux, est venu interrompre leur carrière de courses et forcer leurs propriétaires à les consacrer à la reproduction.

Puisque telle est la situation, il est possible de se demander à quoi peuvent bien servir des Courses d'obstacles qui ne favorisent point les bons sauteurs et qui, si elles forment des étalons de croisement, empêchent ces étalons de se reproduire dans des conditions favorables.

Il est un troisième ordre de critiques qui doit retenir notre attention : c'est la question des Courses pour demi-sang galopeurs. Nous avons déjà succinctement examiné les reproches adressés à l'Administration des Haras qui, si l'on en croit ses détracteurs, favoriserait uniquement le développement de l'Anglo-Normand en tant que cheval d'attelage, sans s'inquiéter de créer le type du cheval de selle, nécessaire à la remonte de l'armée. Nous ne reviendrons pas sur les réponses faites à ces critiques par le directeur des Haras. Signalons seulement les tentatives récemment faites pour instituer des Courses de demi-sang galopeurs et rétablir ainsi un système inauguré sous l'Empire par le Général Fleury. Les steeples ainsi créés pour chevaux de demi-sang n'ont pas réuni des champs bien nombreux, ce qui était facile à prévoir, car les éleveurs non préalablement avisés n'avaient pas cherché à obtenir le type demandé. Il est difficile de juger par avance le sort que l'avenir réserve à ces épreuves, qui ont en vue la production du cheval de guerre, mais sur la foi d'affirmations émanant d'officiers compétents et en particulier du Général Baillod, directeur des Remontes, on peut avancer que l'Armée trouvera dans les 100.000 sujets de pur-sang et de demi-sang, produits annuellement en France, les 10.000 chevaux dont elle a besoin chaque année.

Sans vouloir prendre parti dans cette question des

courses d'obstacles pour demi-sang, on peut, comme conclusion aux critiques que nous avons formulées, exprimer le souhait que le nombre des journées de courses ne soit pas augmenté, et demander que les Steeple-Chases ne puissent plus, au delà de 8 ans, disputer ces épreuves d'obstacles dont les difficultés, aujourd'hui insignifiantes, auront été préalablement augmentées.

VIII

Il semble que l'on ne puisse mieux terminer cette étude sur l'Elevage et les Courses de chevaux en France, qu'en considérant les résultats obtenus au point de vue du Commerce général. Le relevé des Importations et des Exportations nous donne sur ce point des indications très certaines.

Jusqu'en 1884 le chiffre des Importations avait dépassé celui des Exportations ; à partir de cette époque la situation se modifia totalement surtout jusqu'en 1888, année où les Exportations furent le plus considérables. Bien que le total des Exportations ait diminué de 1888 à 1891, les excédents constatés servirent encore aux défenseurs de la nouvelle Loi qui ne manquèrent pas de faire remarquer les progrès réalisés par l'élevage dans les dix dernières années, et ces considérations pesèrent d'un très haut poids sur le vote du Parlement.

Mais en 1895, la situation redevient absolument la même qu'en 1880 et les Importations l'emportent d'autant sur les

Exportations; il semblerait donc, à première vue, que le vote de la Loi de 1891 ait eu sur la production nationale une influence néfaste. Nous ne croyons pas, quant à nous, qu'il faille s'en rapporter aux apparences et attribuer à cette Loi de 1891 des conséquences qu'elle n'a pas eues.

Tel a d'ailleurs été l'avis des promoteurs de la campagne menée en 1897 pour obtenir le relèvement des droits de douane sur les chevaux importés de l'étranger, et en particulier sur les chevaux américains et canadiens. La production annuelle des Etats-Unis et du Canada avait augmenté dans des proportions considérables, et on pouvait avoir dans ces contrées un bon cheval d'une excellente vitesse pour un prix relativement très minime.

Il était nécessaire de prendre des dispositions pour protéger notre élevage; c'est à cet effet que les droits d'entrée furent augmentés et portés de 30 à 200 francs dans la plupart des cas. Les résultats, que nous constatons pour 1898, semblent démontrer que la mesure prise a été efficace.

De plus, il est permis d'espérer que ces Importations américaines diminueront de jour en jour; d'abord, les fraudes auxquelles elles donnaient lieu ont été sagement réprimées par la Société du demi-sang et les substitutions de chevaux se font de plus en plus rares; puis, l'engouement qui s'était manifesté aux Etats-Unis pour l'élevage du cheval s'est quelque peu calmé et les disponibilités y sont aujourd'hui beaucoup moins nombreuses.

On peut donc très légitimement espérer que sous peu

nos Exportations reviendront au moins au niveau de nos importations. Réjouissons-nous de cette heureuse perspective, mais gardons-nous aussi de considérer comme conséquences de la Loi de 1891 les diminutions constatées dans le chiffre des Exportations.

IX

Algérie

Il est maintenant peu de sujets où, après avoir parlé de la France, on ne soit forcé d'étendre la question à l'Algérie. En ce qui touche notre matière, le développement s'impose puisque les ressources chevalines sont une des principales richesses de notre belle colonie.

Le cheval indigène de la terre algérienne est le Barbe, qu'on ne doit pas trop différencier de l'Arabe. Il y a entre le Barbe et l'Arabe « la différence qui sépare un verre taillé dans le cristal par la main humaine d'un verre coulé dans un moule. » (1) Le cheval arabe se distingue par son élégance plastique et son harmonieuse beauté ; le cheval barbe vaut par sa constitution robuste, sa carrure d'athlète, « ses lignes arrêtées et vigoureuses », qui lui permettent de s'accommoder plus facilement de climats différents. Suivant Abd-el-Kader, le cheval berbère loin d'être une dégénérescence de l'Arabe lui serait supérieur ; élevé par les Berbères qui habitaient autrefois la Palestine, le Barbe fut amené par eux en Afrique et soigneuse-

1. Général Daumas. *Les chevaux du Sahara.*

ment conservé comme « l'hôte de leurs tentes, l'instrument de leurs chasses, le compagnon de leurs combats. »

Si l'on en croit toujours Abd-el-Kader, comme l'Arabe, le Barbe satisferait au proverbe : « Il peut la faim, il peut la soif » ; comme lui, il parcourerait, pendant quatre mois, quotidiennement seize parasanges (1), et en un jour la distance de Tlemcen à Mascara, soit cinquante parasanges ; comme l'Arabe, le Barbe pourrait se passer d'orge pendant trois mois et se contenter d'alfa et de chiehh, bien que cependant son dressage soit toujours commencé dès la première jeunesse puisque « les leçons de l'enfance se gravent sur la pierre, tandis que les leçons de l'âge mûr disparaissent comme les nids d'oiseaux » (2). Il serait donc inexact de séparer l'Arabe du Barbe ; les deux variétes de la même race doivent être réunies sous la dénomination générale de « race orientale ».

Ceci établi, il serait intéressant de décrire toutes les minutieuses précautions prises par l'Arabe pour conserver son cheval, et perfectionner l'éducation de l'animal. Mais ces détails nous entraîneraient à de trop longs développements. Nous nous contenterons de signaler deux faits très significatifs et très curieux, et qui, s'ils étaient rigoureusement exacts dans leurs conséquences, seraient d'une utilité pratique incontestable.

Les Arabes ont la prétention de déterminer à l'avance

1. Le parasange équivaut à 5000 m. environ.

2. Lettre d'Abd-el-Kader *au général Daumas*.

la taille que, devenu cheval, le poulain atteindra, et de présumer la valeur future des produits.

Pour la taille on prend une corde, on la passe derrière les oreilles, sur la nuque, et on réunit les deux bouts sur la lèvre supérieure au-dessous des naseaux. Cette mesure ainsi établie, on l'applique à la distance qui sépare le pied du garrot ; il est admis que le poulain grandira de toute la partie de la dernière mesure qui dépasse le garrot.

Pour juger de la valeur future, on mesure avec la main de l'extrémité du tronçon de la queue jusqu'au milieu du garrot et l'on compte le nombre de palmes ; on mesure par le même moyen du milieu du garrot à l'extrémité de la lèvre supérieure en passant par les oreilles ; si le nombre de palmes est le même, le cheval sera bon ; s'il y a plus en arrière qu'en avant, l'animal n'aura pas d'aptitudes, et si l'inverse se produit, l'animal au contraire sera appelé aux plus brillantes destinées, l'on pourra avec lui « frapper au loin. »

Sans affirmer l'exactitude de ces procédés, nous les avons relatés parce qu'ils nous ont paru très intéressants, et bien faits pour donner une idée des soins et de la sollicitude dont les Arabes ont toujours entouré leurs chevaux. Il était utile de profiter de ces qualités pour développer la richesse équestre de notre colonie, richesse qui ne pouvait être mise en doute.

« La race chevaline, telle qu'elle existe en Algérie, « écrivait le général Daumas, offre un heureux mélange « de tous les dons qui sont l'apanage du cheval dans les

« pays de vastes espaces et d'ardent soleil. « Et plus loin : « Aucun établissement situé en France ne peut réunir « les conditions de croisement, de production et d'élevage « que présenteraient des établissements algériens. L'Admi- « nistration va chercher des étalons syriens dont un « acquéreur intelligent pourrait trouver le modèle en « Algérie ; le ciel de Pompadour n'est pas celui que « réclament aux années de leur croissance, les produits « d'une brûlante contrée. Puis le croisement rencontre en « France de nombreuses difficultés, l'élevage y est rare. « En Afrique, au contraire, tout Arabe est éleveur. Et le « même auteur concluait : « C'est donc en Afrique qu'il « faudrait créer des établissements destinés à améliorer « notre race chevaline. Pour cela, la direction des Haras, « comme celle des remontes, doit rester placée sous une « même administration : celle du Ministère de la guerre. » Voyons si les mesures prises donnèrent satisfaction au Général Daumas, et si les résultats qu'on en espérait ont été obtenus.

2.

L'Administration des Remontes fut investie de la direction générale de l'élevage, et c'est encore à elle qu'est dévolu aujourd'hui le soin de gérer les dépôts d'étalons établis dans la colonie. Il est en effet assez rationnel qu'étant chargée d'indiquer aux éleveurs la voie à suivre, en leur fournissant des étalons et en achetant leurs poulains, la Remonte leur fasse produire les animaux qui lui semblent les plus aptes à répondre aux exigences de l'armée.

Tous les efforts de l'Administration doivent tendre à la production de l'ancien Barbe qui, nous l'avons vu, se rapprochant sensiblement de l'Arabe, est le cheval qui convient le mieux au service de notre cavalerie d'Afrique. Cet ancien Barbe existe encore en grand nombre dans l'Algérie méridionale, mais il a presque complètement disparu dans les provinces du bord de la Méditerranée. L'emploi fâcheux des médiocres étalons syriens dont parlait le général Daumas, l'influence de croisements faits au hasard avec des animaux importés par les colons, ont contribué à cette disparition ; mais la véritable cause réside dans les changements que la colonisation a apportés aux coutumes arabes. Les diligences et les chemins de fer, dont les Arabes se servent sans hésitation, ont rendu moins fréquent l'emploi du cheval, et la production a diminué avec les besoins.

Il est utile de réagir, car les mêmes causes produiraient les mêmes effets dans les provinces méridionales, au fur et à mesure des progrès de la colonisation. Les Remontes doivent donc s'appliquer à réunir dans les dépôts ces étalons barbes, encourager les éleveurs par de nombreuses primes, afin de conserver une race qui menace de disparaître, et dont l'utilité est incontestable pour notre cavalerie africaine.

En ce qui concerne nos régiments français l'emploi du

Barbe n'a guère été maintenu que pour les officiers d'infanterie ; encore la plupart sont-ils montés sur des chevaux de Tarbes qui se rapprochent beaucoup du Barbe. Il était aussi très intéressant de faire en Algérie des expériences de croisement de juments barbes avec des étalons de pur sang anglais ; les premières importations eurent lieu en 1881 et 1882 ; les résultats n'ont pas encore paru très concluants, mais il est utile de faire remarquer que les animaux importés étaient de peu de valeur, et il faut attendre que les ressources provenant des prélèvements du Pari Mutuel aient permis d'acquérir des sujets d'ordre. Nous sommes ainsi amenés à parler de l'institution des Courses en Algérie.

3.

Les Courses en Algérie, bien que de date relativement récente, ont pris un grand développement. On compte dans notre colonie près de quarante sociétés qui sont toutes soumises au Règlement « de la Société d'Encouragement pour l'amélioration des races de chevaux barbes et arabes en Algérie, » règlement élaboré en 1892. Le titre même de la Société indiquait que les épreuves étaient réservées aux chevaux de race indigène ; les anglo-arabes et les pur-sang anglais furent admis, mais pénalisés de surcharges considérables ce qui ne les empêcha pas de triompher le plus fréquemment ; on voit dans ce fait la preuve que le Barbe taillé pour soutenir la même allure sur une longue distance ne peut rivaliser de vitesse avec le pur sang anglais.

Les épreuves de plat prédominent en Algérie ; quelques steeple-chases sont disputés, surtout dans la province de Constantine ; les courses au trot sont comprises dans presque tous les programmes, mais n'ont pas donné de résultats appréciables. Quant aux pistes algériennes, elles sont le plus souvent fort mauvaises ; dures comme une route macadamisée au moment de la sécheresse, elles se transforment lorsqu'il pleut en véritables marécages.

Le pari mutuel existe sur les hippodromes algériens ; le Décret du 11 novembre 1896 rend applicables à l'Algérie les dispositions de la Loi du 2 juin 1891. Un second décret du 8 décembre 1898, précédé d'un rapport adressé au Président de la République par le Ministre de l'Agriculture, stipule pour les sociétés algériennes la division des comptabilités, mais l'art. 2 du Décret confère au Gouverneur Général le soin de « déterminer les formes et les conditions de production » de ces deux comptabilités.

Les prélèvements ainsi opérés favoriseront puissamment l'élevage de notre colonie. Des primes nombreuses et rémunératrices permettront aux propriétaires d'élever et de conserver ce cheval barbe, puissant et robuste que réclame la Remonte, et qui ne doit pas être allégé en vue des épreuves publiques. Sans parler des expériences de croisement que nous avons signalées, le pur sang anglais aura du moins l'avantage de corser le spectacle en donnant de l'intérêt aux Courses ; il sera le moyen pour atteindre le but, qui restera bien défini et qui se résume dans la conservation de la race des chevaux algériens.

CONCLUSION

I

L'objet de notre travail était l'étude des différentes manifestations de l'intervention de l'Etat en matière de Courses et plus généralement en matière d'Elevage. L'examen des prescriptions édictées par la Loi de 1891 était le plus sûr moyen d'atteindre notre but, puisque ces prescriptions imposent aux Sociétés de Courses une véritable tutelle administrative et qu'elles admettent le principe de subventions et d'encouragements à la production chevaline.

Mais, le seul examen de la nouvelle Loi eût été insuffisant, puisque l'ingérence de l'Etat, dans le sujet que nous traitons, ne date pas de 1891. Un coup d'œil rétrospectif trouvait ainsi sa justification ; il nous a permis de constater que c'est en 1635 que le Gouvernement s'intéressa pour la première fois à l'Elevage, et en 1805 qu'il admit officiellement le principe des Courses.

En ce qui touche l'Elevage un court exposé des évènements depuis 1635 nous a fait assister à une longue lutte, entre partisans de la liberté absolue et défenseurs de l'administration des Haras. La Loi de 1874, œuvre essentiellement conciliatrice, n'a pu mettre un terme à toutes ces discussions de principes.

Si l'on s'en tient uniquement au côté technique, l'Intervention Gouvernementale, sanctionnée par l'arrêté de 1805, allait être de courte durée : fortement compromise en 1833 par la création de Jockey-Club, elle devait définitivement disparaître en 1866, lorsque l'Etat fit abandon de ses prérogatives au profit des grandes Sociétés.

II

Les législateurs de 1891 trouvaient ainsi le système de la loi de 1874 qui unissait à l'immixtion de l'Administration représentée par les Haras, un ensemble d'encouragements, destinés à développer l'initiative privée. La Loi nouvelle, sans toucher à l'excellence d'un pareil accord, devait se contenter d'établir des subventions prélevées, en faveur de l'Elevage, sur les opérations du Pari-Mutuel.

L'initiative parlementaire visait un autre objet : laissant de côté le point de vue technique, qu'avait réglé l'Arrêté de 1866, elle a mis fin au régime de liberté qui permettait aux Sociétés de Courses de se créer et de s'organiser sans autorisation préalable, et elle l'a remplacé par une série de formalités, qui, en définitive, donnent au Ministre de l'Agriculture toute latitude pour accorder les autorisations sollicitées.

La loi nouvelle est encore allée plus loin dans le chemin de l'intervention : elle a organisé et réglementé un système de pari légal, qui maintenant fonctionne, sous la surveillance et le contrôle de l'Administration.

III

Au point de vue strictement pécuniaire, les résultats ont été particulièrement brillants. Des sommes importantes ont été distribuées aux œuvres de Bienfaisance ; le budget de l'Administration des Haras a augmenté dans de sensibles proportions et des Sociétés, très prospères, ont progressivement élevé la valeur des prix distribués.

Des améliorations très sensibles ont été obtenues en ce qui touche l'Elevage, mais il est à remarquer que chaque jour la part de l'initiative privée diminue dans ce pays, où l'on est toujours disposé à s'en rapporter à l'État.

Reste à voir si les intérêts de la défense nationale et du commerce ont été suffisamment sauvegardés.

Sur le premier point il est encore bien difficile de se prononcer, et des polémiques récentes ôtent à beaucoup d'opinions l'impartialité qu'il serait utile de rechercher. Des renseignements recueillis, il semble cependant résulter qu'en cette matière le pessimisme, trop à la mode aujourd'hui, n'est pas de mise.

Pour ce qui regarde le commerce, la situation n'est pas très brillante. Les défenseurs de la Loi de 1891 faisaient valoir, à l'appui de leur thèse, ce fait que la France qui, quelques années auparavant, ne pouvait subvenir à ses besoins, était devenue exportatrice. Malheureusement, il n'en est plus ainsi, et les tableaux E et F insérés aux Annexes sont très probants. Il est permis d'espérer néanmoins que l'on a découvert la véritable cause du mal, lorsqu'on l'a attribué aux Importations de chevaux d'Amérique et les résultats, beaucoup moins défavorables de l'année 1898, laissent supposer que les mesures douanières porteront leurs fruits.

ÉTRANGER

Angleterre.

Dans cette revue de l'Elevage et des Courses à l'Etranger, il paraît rationnel de commencer par l'Angleterre, qui a toujours été considérée comme détenant le « Sceptre hippique ». Tout dans cette contrée est, en effet, propice à l'élevage régulier des chevaux et du bétail en général. Le sol est riche en pâturages, en produits nécessaires à la bonne alimentation des animaux herbivores : le climat tempéré favorise grandement le développement du corps animal.

Mais ces dons de la nature, ces conditions climatériques favorables n'auraient pu être si brillamment utilisées, si l'Anglais n'avait pas été guidé par une sorte de passion instinctive pour le cheval, qui lui a presque toujours indiqué la voie à suivre et les réformes à opérer. A cette passion instinctive, il a su donner libre cours, sans toutefois se départir des tendances ordinaires du caractère anglais qui le pousse à la recherche du but pratique.

Certes, les Anglais posés depuis longtemps comme la

grande nation équestre du monde, ont atteint une supériorité, dont ils peuvent être fiers ; mais cette supériorité,ils ne la doivent pas aux désirs de montrer, dans de brillants Haras, de beaux et bons sujets exotiques, dûs à une Importation sans cesse renouvelée ; ils la doivent à leur tenacité vers un but défini, à la pensée constante d'améliorer les races indigènes, à l'aide de principes fixes et d'institutions solides.

C'est ainsi que les Anglais ont créé leur pur-sang, grâce aux joutes de l'hippodrome dont ils ont compris la puissante efficacité, pour arriver au succès définitif ; mais leurs efforts ne se sont pas concentrés uniquement sur l'élevage du cheval de courses. Pour la chasse, pour toute sorte d'exercices, pour la selle comme pour la voiture, pour le trait léger et pur le gros trait, en un mot pour chaque emploi,nos voisins d'Outre-Manche avaient su produire un type spécial. Ils étaient ainsi arrivés à obtenir une spécialisation presque complète des animaux, d'après leur destination, mais les tendances nouvelles ont détruit en partie les types ainsi différenciés.

Il n'en reste pas moins que les efforts les plus sérieux ont été constamment dirigés vers l'élevage du cheval d'hippodrome. Les Anglais ont en effet, dès le début, saisi le rapprochement qui existe perpétuellement entre l'extension donnée aux Courses et l'amélioration et le développement de l'espèce chevaline. L'enchaînement est rigoureux : pas de Courses, pas de chevaux de pur-sang, et sans chevaux de pur-sang pas de progrès possibles dans les races. Telle est la corrélation qui n'échappa jamais à la perspicacité anglaise.

Dans ces conditions, il serait surprenant de ne pas voir les Courses prendre, chez ce peuple, et dès les premiers siècles de l'histoire, une importance considérable. Il n'entre pas dans le cadre de ce court exposé de rappeler ici tous les détails anecdotiques, qui remplissent les nombreux livres écrits sur l'origine des courses anglaises ; qu'il nous suffise de remonter seulement au règne de Jacques Ier et à cette dynastie des Stuarts où l'amour du cheval était de tradition familiale. A la faveur de la protection royale, les Courses prirent une très grande extension ; l'art de l'entraînement apparut et l'hygiène du cheval, fut, dès-lors, l'objet d'une surveillance attentive. Ce fut Jacques Ier, qui le premier en Angleterre, pressentit le partiqu'on pouvait tirer du sang Arabe : il fit l'achat, à très haut prix, d'un beau cheval de cette race, mais cet essai ne donna pas de résultats satisfaisants et pendant quelques années, la race orientale fut délaissée, oubliée, presque méprisée.

Les Révolutions qui troublaient alors l'Angleterre ne pouvaient guère favoriser le développement des Courses. Il faut attendre la Restauration et le règne de Charles II pour voir une impulsion nouvelle donnée à l'institution et à l'élevage en général. Les solennités de Newmarket, créées par Jacques Ier, furent rétablies et le Roi eut des chevaux qui coururent sous son nom.

Les successeurs de Charles II suivirent l'exemple donné

par lui, et c'est sous les règnes de la reine Anne et de Georges Ier, c'est-à-dire aux environs de 1715, que furent introduits, en Angleterre, les trois étalons dont le sang s'est perpétué dans la race anglaise, et dont nous pouvons suivre les traces dans une descendance ininterrompue. Ces trois étalons forment « l'histoire sainte » du sport.

Il est utile de rappeler ici leurs noms : le premier fut Darley-Arabian envoyé d'Alep par un certain M. Darley à son frère qui habitait Aldby-Park près d'York. Pendant longtemps, on refusa de donner des juments à cet étalon tant était grande la prévention qui régnait encore contre la race arabe ; mais, les hautes qualités déployées par les premiers produits de ce Darley-Arabian, firent bientôt disparaître les idées préconçues.

Le deuxième fut Byerly-Turk, qui avait servi de cheval d'armes au capitaine Byerly pendant la campagne d'Irlande ; enfin le nom du troisième est encore plus connu ; c'est Godolphin-Arabian qui devait être la souche de la meilleure race anglaise. Les trois familles ainsi fondées se retrouvent dans Eclipse, Herod et Matchem dont l'histoire hippique a conservé les noms, comme ceux des plus célèbres représentants de ces familles.

« Sautons deux siècles et nous retrouvons la descen-
« dance d'Eclipse représentée par Monarque, père de
« Gladiateur le premier grand champion français et souche
« de tant célébrités actuelles. C'est toujours la dynastie
« de Darley-Arabian, un vrai patriarche comme on voit.

« Les arrière-petits-fils se sont couverts de gloire. Il y « en a, il est vrai qui, après des revers de fortune, traî- « nent les fiacres et du haut du Paradis de Mahomet, sa « demeure dernière où il broute d'éternelles prairies, « ce saint de la race chevaline doit souffrir. Mais quel est « aujourd'hui le portrait d'ancêtre qui n'a pas un peu à « rougir de ses enfants ? Quoiqu'il en soit, on ne saurait « méconnaître la grandeur de cet élevage de chevaux de « race noble, gardant leur pureté à travers les siècles, « tandis que les époques disparaissent et que les régimes « croulent (1) ».

Les populations anglaises ne tardèrent pas à prendre goût à ces solennités sportives, réservées jusqu'alors aux seuls entourages de la Royauté, et bientôt naquit cette passion nationale pour le Sport, dont nous voyons encore aujourd'hui les irrésistibles entraînements.

Quelques dates nous donneront une idée exacte des progrès réalisés dans les mœurs sportives de l'Angleterre (2). C'est en 1752, que quelques gentilshommes et propriétaires intéressés, fondèrent ce Club, qui sous le nom de Jockey-Club, devait être appelé à jouer dans les annales sportives de l'Angleterre un rôle si important. En 1780, le Comte de Derby crée le derby d'Epsom, qui est encore aujourd'hui la grande solennité hippique de l'Angleterre. C'est alors qu'après Newmarket et Epsom, dont nous venons de parler, furent fondés, ces hippodromes d'As-

1. Louis Baume, *Autour des courses.*

2. Touchstone, *op. citée.*

cot, de Doncaster, de Goodwood et d'York qui résument encore maintenant l'expansion toujours croissante du mouvement sportif de la Grande-Bretagne.

Il est assez courant de parler du calme et de la froideur du peuple anglais, mais s'il est vrai que ces caractères soient l'apanage de nos voisins, il faut avouer qu'ils ne les manifestent guère dans les réunions sportives. Quand on a assisté de l'autre côté de la Manche à quelques-unes de ces fêtes hippiques, de ces ovations si tumultueuses d'enthousiasme, on reste quelque peu sceptique sur cette réputation de sang-froid, que l'on prête aux Anglais. En quel coin du monde trouverait-on une passion égale à celle de ce peuple pour les luttes de l'hippodrome ? Nous ne parlons pas seulement du monde des hautes régions que nous avons vu fréquemment, sur nos champs de courses, manifester bruyamment en faveur de champions nationaux, mais bien de la foule, de la multitude qui est le pays, dans son expression spontanée et franche. Quand approchent les époques de Courses, la population tout entière se surexcite progressivement et éprouve les symptômes de ce mal que les Anglais connaissent sous le nom de « Turf Struck » et qui peut se traduire par « Coup de Turf » comme nous disons « un coup de soleil ».

S'il s'agit d'une de ces réunions auxquelles on peut se rendre de Londres, en quelques heures, par chemin de fer, la fièvre est à son paroxysme ; les gares sont assiégées, les rues qui les avoisinent sont des fourmilières ;

« on dirait que quelque merveille semblable au palais de « cristal, vient de surgir dans la direction de ce champ « de Courses. » Dès l'aube, les voitures encombrent les routes, voitures armoiriées, voitures bourgeoises de la cité; charrettes, omnibus, diligences, cabs, tout est réuni dans une épouvantable mêlée au milieu d'un océan noir de piétons. Et si un accident se produit, par exception, dans cette foule bigarrée, si la roue d'un équipage vient frôler la charrette d'un humble « Costermouger » ou le tilbury d'un marchand, ne croyez pas qu'il en résulte quelque conflit dangereux: dans cette aristocratique Angleterre, de castes si différentes et de classes si variées, où la morgue règne en maîtresse et où les distances sont observées, les fêtes hippiques ont produit une salutaire influence, en rapprochant les rangs, en créant des liens et une intimité passagère, entre membres de la grande famille sportive, absorbés par un but unique.

Le Derby d'Epsom a donné souvent matière à de nombreuses chroniques ; les journalistes français se sont plû à décrire cette fête nationale, où tout bon Anglais se rend en pèlerinage, cette foire où « marchands de cerises, « d'ananas, d'oranges, installent leur étalage, où boxeurs, « après avoir fait une collecte, se distribnent un nombre « de horions proportionnel à celui des pences ramassés, « où saltimbanques, juchés sur d'immenses échasses ex« citent les rauques quolibets de la foule, tandis que tout « à coup, d'un groupe rangé en cercle, autour d'une ban« nière rutilante, monte, grandissant et dominant bientôt

« les bruits variés de l'hippodrome, un chant monotone et « plaintif, une mélopée traînante, un cantique : l'armée « du Salut exerce jusqu'à Epsom » (1).

Ainsi, ce peuple, si sérieux dans les affaires, a quitté ses comptoirs, beaucoup même ont abandonné le travail, dont dépendait quelquefois pour eux, le pain de la journée. Le contraste est frappant entre ces boutiques, dépeuplées le jour des courses et l'assistance qui s'y pressait pendant la semaine, et surtout la veille, alors que les tavernes et les hôtelleries, les débits, les bars, les coiffeurs regorgent de monde. On se réunit pour prendre connaissance du programme, de la liste des chevaux, des jockeys qui doivent monter, car la monte de tel ou tel qui jouit d'une vogue passagère, influe sur la « cote ». Tout le monde parie ; les uns le font au hasard, sur un nom choisi, on ne sait pourquoi, par fantaisie ou par divination, les autres prennent pour base des données plus ou moins sérieuses. En un mot, la fièvre du jeu se répand partout et frappe toutes les classes de la société.

Le gouvernement anglais n'y prend d'ailleurs pas garde ; il y a bien le bill du 8 juin 1874, qui venant modifier et compléter celui d'août 1853, punit de peines sévères, édictées par l'article VII, ceux qui indiquent les individus susceptibles de fournir des informations relativement à des gageures, qui amènent le public à se rendre dans une agence, ou qui invitent ce même public à prendre part à

J. Romain. *Le sport universel illustré*, n° 151, 10 juin 1897.

des paris, mais ces lois ne sont jamais appliquées et les bookmakers jouissent d'une pleine et entière liberté. Ces bookmakers, le pari mutuel n'existant pas en Angleterre, font des affaires considérables, et réalisent presque toujours de très grosses fortunes, malgré les frais élevés que nécessite le déplacement sur les hippodromes. Les bookmakers exercent dans des enclosures spéciales, dans lesquelles sont admis les parieurs, moyennant le paiement d'une somme variable suivant les champs de courses, et suivant l'importance des épreuves qui doivent se disputer.

S'il est vrai que les Courses jouent un si grand rôle en Angleterre et qu'elles soient si profondément entrées dans les mœurs, on devrait à première vue supposer, que le Gouvernement en favorise l'essor par une intervention sérieuse et continue. Or, il n'en est nullement ainsi, et un simple coup d'œil, jeté sur les coutumes anglaises, suffira à expliquer cette contradiction apparente. Chacun sait que l'Angleterre est le pays où les privilèges aristocratiques se sont le plus fidèlement conservés, où les fortunes privées atteignent le plus haut chiffre, parce qu'elles sont relativement peu nombreuses, où, enfin, la propriété a subi le moins de divisions, grâce aux prescriptions légales qui laissent à l'aîné les terres familiales. Dans ces conditions, il est facile de comprendre que l'élevage, avec les frais énormes et les dépenses qu'il entraîne, soit resté entre les mains d'une minorité, mais d'une minorité qui s'y intéresse et qui y prend gloire. Il suffit d'examiner la liste des propriétaires gagnants en

Angleterre, pour voir que ceux-ci appartiennent à la plus haute aristocratie et occupent, dans les diverses branches de la société anglaise, les situations les plus élevées. L'héritier présomptif de la Couronne d'Angleterre, le Prince de Galles possède une des meilleures écuries d'Outre-Manche ; ses couleurs ont été plusieurs fois victorieuses dans le Derby d'Epsom et dans d'autres grandes épreuves ; et il a paru tout naturel de voir ce fils aîné de la Reine d'Angleterre, aller lui-même sur la piste prendre son cheval par la bride après la victoire, et rentrer au pesage au milieu d'enthousiastes acclamations.

Ainsi donc l'action du Gouvernement sur l'élevage en général est à peu près nulle en Angleterre. En dehors du Haras d'Hampton-Court, qui fait partie du domaine de la Couronne et où l'on élève des produits de pur-sang, vendus chaque année aux enchères, l'intervention de l'Etat se manifeste seulement par quelques primes données aux étalons pur-sang de croisement, mais ces primes n'ont qu'une influence bien minime sur la production. Ce sont les grands propriétaires, les éleveurs et les sociétés privées qui remplissent en Angleterre le rôle joué dans les autres pays par l'Administration des Haras.

L'initiative individuelle peut donc s'exercer librement et sans contrainte ; nous allons en citer quelques-unes des plus importantes manifestations.

La direction des meetings est dévolue au Jockey-Club, dont nous avons relaté la création en 1752 et qui exerça d'abord son action sur les terrains de Newmarket. Ce n'est qu'en 1844 que les Commissaires du Jockey-Club, furent chargés de la direction de l'hippodrome d'Epsom. Les mêmes fonctions leur furent données en 1857 pour Ascot, et en 1878 pour Goodwood.

Il est intéressant de faire remarquer que ce n'est ni par une loi, ni par un arrêté que le Jockey-Club anglais a été investi des attributions qu'il possède et du contrôle qu'il exerce souverainement. Ces décisions n'ont aucune sanction légale, mais l'honorabilité, la haute situation, l'indépendance de ses membres, choisis, en plus des princes de la Famille Royale dans la vieille aristocratie et parmi les sportmen les plus réputés, lui donnent une autorité morale d'un très haut poids.

Mais le Jockey-Club anglais n'exerçait sa juridiction que sur les courses plates. En 1866, le développement pris par le « Steeple-Chasing » et les abus qu'il engendrait, firent sentir la nécessité d'une direction supérieure. Le Jockey-Club, ayant décliné la mission qu'on voulait lui confier, le comité du « Grand National », se constitua en 1866 ; établi sur de nouvelles bases, après une dissolution amiable en 1883, ce comité du Grand National a contracté avec le Jockey-Club anglais, une « sorte d'alliance offensive et défensive ». Les décisions de l'une des Sociétés sont applicables sur les hippodromes régis par l'autre ; bien mieux les Sociétés françaises, ont adhéré à cette union qui depuis 1892 s'est étendue à toutes les grandes Sociétés européennes et aux principales Sociétés des Etats-Unis.

Anciennement les champs de Courses étaient ouverts à tout le monde et les réunions qui y étaient données, s'appelaient « Open-meetings ». (1) Les frais et les allocations étaient payés par les entrées au « ring », par les droits prélevés sur les propriétaires voisins et par le surplus des prix de réclamations. Mais depuis une vingtaine d'années, les conditions se sont modifiées: sont apparus les « Gatte-money-meetings » (2) créés par des Sociétés de spéculation aux environs de villes très peuplées. Ces Sociétés de spéculation ont, pour la plupart, réussi de magnifiques affaires et distribué d'excellents dividendes à leurs actionnaires. Mais l'apparition des nouveaux hippodromes a forcé les anciennes Sociétés, qui ne prélevaient pas de droit d'entrée sur les spectateurs, à augmenter le prix déjà très élevé des engagements et des forfaits, payés par les concurrents. On en est ainsi arrivé à multiplier ces allocations énormes de 250.000 fr. et au delà, qui, se répétant fréquemment, nous laissent quelque peu rêveurs. Mais tout étonnement disparaît quand on apprend que le système des « poules » est presque généralisé en Angleterre, et que ces prix énormes, sont tout simplement payés par le produit des engagements, sans qu'il n'en coûte rien aux Sociétés. Faisons remarquer en passant que cette coutume vient encore s'ajouter aux raisons que nous avons précédemment données, pour montrer que le

1. Réunions ouvertes.

2. Hippodromes clos.

luxe de « faire courir » est réservé en Angleterre, aux possesseurs de grosses fortunes.

Tel est, dans son ensemble, le résumé de l'organisation des Courses en Angleterre. Il nous appartient maintenant d'envisager les résultats pratiques.

Le pur-sang anglais trouve son utilité principale, non point dans les usages auxquels il est bon lui-même, mais dans l'influence qu'il peut exercer comme reproducteur, sur les autres races chevalines. Obtenu par une longue série de croisements raisonnés, il forme aujourd'hui une race bien distincte, et, pour remplir le rôle qui lui est dévolu, il doit être conservé dans toute sa pureté. Aussi, la moindre suspicion d'une souillure avec du sang impur, fait impitoyablement rayer du « Stud-book », le cheval qui en est l'objet.

Les Courses, dont nous avons esquissé le développement rapide, ont servi de base pour apprécier la valeur et les qualités du pur sang anglais, et c'est ce qui explique qu'en Angleterre, les courses plates, seules, aient joué un rôle aussi important. Mais l'expérience est concluante, et il ne semble pas utile de la prolonger. En cherchant uniquement à produire le cheval d'hippodrome, en agissant ainsi, les Anglais ont, en ces dernières années, beaucoup trop sacrifié à la légèreté et à la rapidité ; ils compromettent l'avenir de leur cheval, en le faisant courir beaucoup trop tôt, à un âge où il n'a pas encore atteint sa complète croissance. Enfin, les distances des épreuves ont été beaucoup trop réduites en Angleterre, et comme il y a très peu de Courses qui dépassent 2200 mètres, il est presque impossible de se rendre compte de l'endurance des chevaux qui seront appelés à aller renforcer le contingent des reproducteurs.

Si les épreuves réservées aux chevaux de plat sont généralement très courtes, il n'en est pas de même des Steeple-Chases, qui sont au contraire disputés sur des distances très longues. Il est vrai que le budget des courses d'obstacles est assez peu élevé et qu'aux « Steeple-Chasers » viennent s'ajouter les « hunters » ou chevaux de chasse de la Grande-Bretagne. Ces hunters sont quelquefois d'anciens Steeple-Chasers, mais bien plus souvent des demi-sang robustes, susceptibles de porter de très gros poids et qui peuvent supporter de longues fatigues. C'est parmi les « hunters » que la cavalerie anglaise recrute ses meilleurs chevaux.

Le « hack » qui tient l'intermédiaire entre le hunter et le poney est plutôt un cheval de promenade ; on doit d'ailleurs mettre bien au-dessus de lui, aussi bien sous le rapport de la reproduction et que sous celui de la remonte, le « hackney » qui est un type remarquable de cheval de selle et de carrossier léger de luxe. Cette race des « hackney » avait failli s'éteindre en Angleterre, mais grâce à de nombreux et persévérants efforts, on est arrivé à produire à nouveau ce type de cheval, qui convient si bien pour l'élevage du demi-sang. L'Exposition anglaise, par ailleurs assez peu fournie, présentait un lot remarquable de ces « hackney », dont l'un enlevait le championnat des étalons de demi-sang (1).

Les Courses au trot attelé ne jouent aucun rôle en Angleterre et dans ces conditions, il n'est pas surprenant que les races exclusivement destinées à l'attelage s'appauvrissent graduellement en quantité et en qualité. Les chevaux de la race « Cleveland » qui étaient de vrais carrossiers, disparaissent de plus en plus. Seuls maintenant les riches peuvent se les procurer, et à des prix très élevés. Quant aux trotteurs « Norfolk » apparus au début du siècle, et issus du croisement de juments hollandaises avec des étalons pur sang, ils sont remplacés par le « hackney » qui se rapproche beaucoup plus du type du cheval de selle.

Les races de trait d'Angleterre qui étaient distinctes, au commencement de notre siècle, se sont peu à peu fusionnées. Certes, les « Draijhorses »,les « Suffolks » et « les Clydesdales », existent encore aujourd'hui, mais on « les confondra bientôt sous la dénomination générale de « Shire-horses » chevaux qui étaient amplement représentés au concours de Vincennes (2). Ces « Shire-horses » en imposaient par leur corpulence, leur taille, les dimensions extravagantes des poils qui entouraient leurs pattes.

Une direction générale donnée à l'élevage n'existe pas, et cette constatation n'a rien de surprenant si l'on considère que l'intervention de l'Etat est nulle en la matière.

1. Catalogue déjà cité, page 130, n° 870.

2. Catalogue cité page 241.

Nous avons vu que la possession d'une écurie de courses est un monopole réservé à la riche aristocratie. Sur ce point une indication administrative n'est pas utile, des sacrifices ne sont pas nécessaires et l'initiative particulière est largement suffisante pour subvenir à tous les encouragements, pour conserver au pur-sang anglais la pureté qui fait sa force et sa valeur. En ce qui touche les chevaux de selle et particulièrement le « hunter », l'émulation est encore largement développée, et le goût de la chasse est trop prononcé en Angleterre pour que l'on puisse craindre une diminution dans la production; mais, si l'on s'attache à l'examen des autres races, il ne semble pas que la situation soit aussi brillante. Certes, un cri d'arlarme a déjà été jeté en 1883, époque à laquelle on s'aperçut que le pays qui avait toujours été considéré comme une mine inépuisable de chevaux de luxe, ne possédait plus les ressources nécessaires à la remonte de sa cavalerie en temps de guerre, et pourtant 32.000 chevaux suffisent à l'armée anglaise en temps de paix et ce nombre serait seulement un peu plus que doublé sur le pied de guerre.

Aussi bien, les récents évènements du Transvaal nous ont prouvé que l'Angleterre ne disposait pas chez elle de ressources assez considérables, au point de vue production chevaline, pour parer aux éventualités : ce n'est, en effet, un secret pour personne que les chevaux envoyés dans l'Afrique du Sud ont été achetés, pour quelques-uns en France, pour beaucoup en Autriche et l'explication donnée du prix trop élevé des « hunters » ne prouve qu'une chose, c'est qu'ils sont en nombre insuffisant.

Le régime de l'initiative privée et de la non-intervention de l'Etat, a donné de bons résultats en Angleterre si l'on s'en tient uniquement à l'institution des Courses et à la conservation du pur-sang anglais, mais sur les autres points, il paraît qu'une direction donnée à l'élevage ne serait pas inutile. Certes, les « hunters » présentent des qualités très fixes et très appréciables, mais leur prix est d'autant plus élevé que leur élevage est presque localisé dans l'Irlande. Le « hackney » qui menaçait de disparaître a été, dans ces derniers temps, l'objet de sérieuses mesures pour augmenter sa production, mais des résultats encore plus appréciables auraient pu être obtenus, si le Gouvernement était intervenu, autrement que par la nomination d'une Commission. Les réformes à réaliser furent laissées à l'initiative de trois grandes Sociétés, qui s'organisèrent pour le développement et l'amélioration des races de demi-sang, qui existaient dans le Royaume-Uni. Quoiqu'il en soit, il reste toujours que les races d'attelage et de trait, croisées sans principe et selon les besoins du moment, ne sont pas en progrès. Qu'elle le veuille ou non, l'Angleterre a été et restera la patrie du pur-sang, mais elle ne saurait plus prétendre à une supériorité quelconque dans la production des autres races.

Allemagne.

L'Allemagne devait naturellement trouver place dans notre étude sur les Courses et l'Elevage de quelques Etats. Car, outre que ces branches de la richesse nationale méritaient, par l'importance qu'elles ont prises dans l'Empire, de retenir l'attention, il était intéressant de connaître les ressources dont pourraient disposer nos voisins d'Outre-Rhin, si de terribles éventualités venaient à se produire.

Le climat et le sol de l'Allemagne sont peut-être moins propices que ceux de la France pour l'élevage des chevaux ; mais en revanche les Allemands et surtout les Allmands de l'Est portent un grand intérêt au cheval qu'ils connaissent mieux que les Français. De plus, en Allemagne se sont conservées, comme derniers vestiges des temps féodaux, un assez grand nombre de propriété foncières, très favorables au développement de l'élevage. Et cette constatation explique qu'il existe encore aujourd'hui quelques Haras privés, assez importants ; ajoutons que d'autres Haras, appartiennent aux Princes régnants dans les principautés et les royaumes qui composent l'Empire Allemand, et, nous comprendrons pourquoi dans cet empire, l'initiative privée joue un plus grand rôle que chez nous. L'Allemagne tient, en effet, le moyen terme entre l'Angleterre, où, comme nous l'avons vu, l'élevage du cheval est entre les mains de l'aristocratie foncière, et la France où le Gouvernement exerce une action prépondérante.

C'est encore en Allemagne où, après l'Angleterre, on a le plus vite reconnu l'utilité du pur-sang, alors que chez nous cette vérité n'est apparue évidente, qu'après 1833. Chez nos voisins d'Outre-Rhin, les importations anglaises datent des années qui suivirent la guerre de trente ans, alors que l'Allemagne très appauvrie en hommes et en chevaux demandait aux reproducteurs du « Yorkshire » et du « Cleveland » d'infuser un sang nouveau à sa race dégénérée. Quant à l'introduction du sang arabe, elle remonte encore bien plus loin dans l'histoire hippique de l'Empire Allemand. On doit, pour en retrouver la première trace, remonter jusqu'à ces chevaliers teutoniques qui avaient fait envoyer de Palestine, où ils avaient pu apprécier leurs qualités de vitesse et d'endurance, des étalons de race orientale, dont le croisement avec les produits indigènes, avait donné d'excellents chevaux de cavalerie légère.

Des progrès énormes furent réalisés, au cours du XVIIIe siècle, dans l'élevage des chevaux en Allemagne. Le fonctionnement régulier des haras prussiens ne date, il est vrai, que de 1787 ; mais auparavant et comme complément aux importations d'étalons anglais que nous venons de signaler, des mesures très importantes et très efficaces avaient été prises. Dès 1701, Frédéric I, avait défendu l'exportation des chevaux et réuni dans les jumenteries royales, qui existaient dans le Gouvernement de Kœnigsberg, (Prusse orientale) plus de 1300 reproducteurs, (mâles et femelles) de premier choix.

La peste qui sévit en 1717 obligea le Gouvernement prussien à abandonner les anciens domaines, et à prendre possession de terrains incultes et marécageux, qui, après des travaux commencés en 1725 et exécutés sous la haute direction de Frédéric Guillaume I, devaient devenir le domaine de Trakehnen, dont nous allons parler plus loin.

C'est en 1788 que le comte de Lindenan visita l'établissement de Trakehnen et en passa une scrupuleuse inspection. Il y réforma 16 étalons sur les 38 qui s'y trouvaient, élimina 144 juments sur les 356 qui formaient l'effectif des poulinières, donnant ainsi au principe, qui prescrit de n'employer comme régénérateurs d'une race que les reproducteurs véritablement marquants, une consécration officielle.

Les Haras Prussiens devaient naturellement souffrir des guerres de l'Empire et plus spécialement de 1806 à 1812; mais ils ne virent point leurs étalons complètement dispersés, comme nous avons eu à le constater pour notre pays, aux premiers jours de la Révolution française. En effet, les Haras prussiens, s'étaient refugiés en Russie et dans le Schleswig, et ils purent réintégrer leurs anciens domaines à la cessation des hostilités. L'œuvre de reconstitution fut entreprise sur une bonne base, tandis que « placés dans des conditions pécuniaires, tout aussi em-« barrassées, nous étions obligés de refaire entièrement

« notre matériel puisque l'ancien avait été dispersé aux « quatre-vents » (1).

Les principes appliqués en Prusse avant cette période tourmentée, avaient donné d'excellents résultats, et on continua à les mettre en pratique. Chez nous, au contraire, les différents régimes qui se succédèrent modifièrent plus ou moins l'organisation de nos Haras, et à ces mesures contradictoires, dont le moindre défaut était d'écarter toute fixité et toute confiance dans l'avenir, il est bon d'opposer l'observation scrupuleuse de principes, érigés à l'origine et toujours respectés dans la suite, pour atteindre le but visé dans la constitution des Haras prussiens, c'est-à-dire la production du cheval de guerre.

Il est utile de résumer en quelques mots les résultats obtenus par ces volontés tenaces appliquées, pendant deux siècles, à la réalisation du but poursuivi. Si l'histoire nous apprend que tous les évènements politiques de ces dernières années n'ont été que la consécration victorieuse de longs et pénibles efforts, l'étude de l'organisation hippique de l'Allemagne nous montrera aussi que le succès atteint n'est que le fruit d'un laborieux travail, mené à bien par une sage intervention gouvernementale puissamment secondée par l'initiative privée.

Les moyens par lesquels le Gouvernement allemand exerce son influence sur l'élevage des chevaux sont les mêmes qu'en France et dans d'autres grands pays de

1. Commandant Steigelmann. *Les haras français comparés aux haras prussiens* (*Sport universel illustré*, n° 117).

l'Europe continentale. Comme en France, la direction des Haras dépend du Ministère de l'agriculture, mais le rattachement est relativement récent, puisqu'il ne date que de 1849, et la direction imprimée obéit à des tendances beaucoup plus militaires que chez nous, car le poste de Grand Ecuyer fut confié de 1856 à 1887 à des officiers généraux auxquels a succédé, il est vrai, le comte Lehndorff. Des primes sont également attribuées aux étalons approuvés, et tous les étalons destinés à la monte publique sont soumis à l'examen des commissions sanitaires. L'Etat favorise aussi le développement des concours hippiques et subventionne les poulinières productives et les poulains bien nés.

Où les différences sont sensibles entre notre organisation et celle de nos voisins d'Outre-Rhin, c'est lorsque l'on considère le recrutement des étalons. Sur ce point l'initiative du Gouvernement allemand est autrement puissante que chez nous, puisque l'Etat en France ne possédant pas de juments (à part une légère exception pour le Haras de Pompadour), doit satisfaire à ses besoins, uniquement par des achats aux particuliers, tandis qu'au contraire en Allemagne, la moitié des étalons sont produits dans les Haras officiels. Cette constatation a une très grande importance, et il n'échappe à personne que le système employé par l'Allemagne permet d'imprimer bien plus efficacement à l'élevage la direction qu'on souhaite lui voir prendre.

Ces principes établis, passons à l'étude des haras allemands et apprécions leur influence sur la production chevaline de l'Empire.

Les Haras gouvernementaux sont de deux sortes :

1° Les « Haras principaux » qui sont établis sur des domaines appartenant à l'Etat, et où sont produits et élevés des étalons, issus de ces jumenteries officielles, dont nous parlions tout à l'heure.

2° « Les Haras provinciaux » qui ne sont en réalité que des « dépôts d'étalons », où sont envoyés, pour saillir les juments appartenant aux particuliers, les étalons provenant ou de l'élevage des Haras principaux ou d'achats faits par l'Administration.

On compte actuellement en Prusse 5 Haras principaux ;

a). — Le Haras de Trakehnen, dans la Prusse Orientale, qui joue un rôle très important dans la production de cette partie de l'Empire. Ce haras a un effectif de 1.300 chevaux, parmi lesquels se trouvent 350 juments poulinières. On y produit des pur-sang et des demi-sang anglais.

b). — Le haras particulier de Gorgenbourg, nouvellement acheté par l'Etat, pour lui permettre d'exercer une influence encore plus sérieuse sur cette Prusse orientale qui est le noyau de la production chevaline de l'Empire.

c. — Le Haras de Graditz, dans la province de Saxe est spécialement affecté aux étalons de tête et aux juments de pur-sang anglais.

d. — Les Haras de Neustadt dans la province de Brandebourg et celui de Beberbeck, dans la province de

Hesse-Nassau, produisent des étalons de grande taille et des carrossiers avec le plus de sang possible.

L'Administration des Haras Allemands n'a pas reculé devant les plus grands sacrifices pour fournir à ces haras principaux des étalons de tête. De nombreux achats ont été faits, en ces dernières années, à l'étranger et particulièrement en France. Nos voisins ne cachent point que c'est aux pur-sang, achetés dans notre pays, qu'ils sont redevables du succès toujours croissant de leur élevage ; une preuve entre toutes : c'étaient 46 produits de l'étalon « Chamant » importé de France, qui en 1897, avec 520.034 marcs (650.042 francs) figuraient en tête de ceux qui, issus d'un même étalon, avaient le plus gagné dans les épreuves publiques. Ce sont aussi, les enfants de ce même Chamant, qui dominent dans le nombre des reproducteurs (mâles et femelles) actuellement existant dans les établissements relevant de l'administration des Haras prussiens. Rappelons encore, pour donner une idée plus exacte du souci pris par l'Administration pour obtenir de constantes améliorations, les achats de « Flageolet », de « Gouverneur », payé 250.000 francs, et plus récemment de « Le Destrier » et de « Le Justicier », qui, il ne faut pas l'oublier, venait de gagner les « Eclipses-Stakes » sous les couleurs du baron de Schickler.

D'ailleurs, pour tous ces achats, le directeur des Haras prussiens a posé en principe, que l'armée étant le plus important des consommateurs, la solidité des membres doit être le point capital à considérer chez tous ces étalons, appelés à produire le cheval de guerre. Pour leur acceptation, la structure des membres doit donc être prise en très sérieuse considération, par les commissions de remonte.

Nous plaçant au même point de vüe, il est rationnel que nous insistions sur l'élevage de la Prusse orientale, puisque cette province fournit à elle seule les 2/3 des chevaux nécessaires, au recrutement de l'armée allemande.

Nous devons à l'extrême obligeance du professeur d'hippologie de Lithuanie, envoyé comme interprète à l'exposition de Vincennes, de pouvoir donner des détails assez circonstanciés sur cette question qui peut nous intéresser à tous les points de vue.

Il est assez difficile de se rendre un compte exact du nombre de chevaux achetés chaque année par les Commissions de remontes en Allemagne, car les renseignements que les statistiques officielles pourraient donner, sont tenus secrets. Cependant le chiffre de 12.000 que l'on avance ordinairement ne semble pas exagéré. Quoi qu'il en soit, 8000 chevaux sont annuellement fournis par la Prusse Orientale.

Le but unique, poursuivi par les éleveurs de cette région, est la production de ce qu'ils appellent « le demi-sang de race noble », dont les types les plus forts sont seuls appelés à fournir des chevaux de voiture, tout en restant assez sveltes et assez élancés, pour pouvoir être employés comme chevaux de chasse ou de cavalerie, tandis que les types aux proportions plus réduites servent uniquement à la selle.

Dans les quatre Haras provinciaux de la Prusse Orientale, à Insterbourg, à Gudwallen, à Rastinbourg et à Braunsberg, sont stationnés 613 étalons demi-sang et 37 pur-sang anglais, qui en 1899 ont monté 45.114 juments, ce qui fait qu'avec les juments saillies dans les Haras privés de la Province, le chiffre de 50.000 est sur le point d'être dépassé. Et cet effectif considérable est réparti entre les mains de nombreux propriétaires, car la région dans son ensemble est généralement pauvre; la superficie des propriétés varie entre 15 et 70 hectares. Les quelques propriétaires fonciers, qui ont à leur disposition de plus vastes étendues de terrain, achètent aux simples fermiers, les poulains qu'ils ont fait naître pour les élever et les revendre ensuite, soit à l'administration des Haras, soit aux Commissions de remonte, si bien que la Prusse Orientale est arrivée à produire ainsi les futurs étalons dont elle a besoin, à l'exception de quelques pur-sang anglais et de quelques chevaux de tête, envoyés par l'Administration supérieure.

Le commerce des poulains a pris depuis quelques années une très grande extension, surtout depuis que la remonte de l'armée prussienne et des corps bavarois et saxons se fournit pour les 62 0/0 de l'effectif dans la Prusse orientale, exactement 5.574 têtes achetées en 1899, sur 8.900, chiffre approximatif des achats faits dans la Prusse entière.

Les Commissions de remonte achètent, dans les marchés désignés à l'avance, les chevaux qui leur paraissent aptes au service. Ces chevaux sont envoyés dans des dépôts de remonte, c'est-à-dire dans de grands domaines où ils sont gardés un an, pour être répartis à l'âge de quatre ans, entre les différents corps de troupe.

Des concours pour encourager le dressage des chevaux de selle et de voiture ont lieu chaque année, à Lick et à Insterbourg. D'autres récompenses sont distribuées, mais il est utile de faire remarquer que ces exercices n'ont pas pour but de favoriser le cheval, en tant que trotteur. Enfin, dans le district de Gumbinnen, se trouvent deux sociétés équestres qui ont tenté de mettre en lumière, par des courses d'obstacles, les aptitudes du cheval de la Prusse orientale, comme bête de chasse et de selle.

Le cheval de Trakehnen est bien le type de ce que l'on entend ordinairement par le cheval Est-Prussien. Nous avons dit que le but visé était la création d'un cheval de cavalerie, et que le souci de donner à l'armée une base solide et durable l'emportait sur toute autre préoccupation. Il faut reconnaître que les efforts ont été couronnés de succès, et nous n'en voulons pour preuve que la magnifique exposition faite par l'union centrale de Lithuanie et de Mazovie dont le siège est à Insterburg (Prusse orientale). Les nombreux types exposés présentaient dans leur ensemble une harmonie parfaite ; d'une construction forte et robuste, d'un tempérament doux et docile, ils répondaient bien à l'idée que l'on se fait du cheval d'armes (1); quelques-uns même atteignaient une taille très élevée (1 m. 68) sans pour cela tourner, comme il arrive trop souvent chez nous, au type de cheval disproportionné dont l'apparence lymphatique enlève toute idée de force et de résistance.

Il serait trop long d'insister sur toutes les autres races élevées sur le territoire allemand. Citons cependant les chevaux hanovriens, et plus spécialement ceux de la Frise orientale qui proviennent de cette race frisonne si célèbre au Moyen-Age, mais qui, s'étant profondément modifiés, conformément aux exigences actuelles, par l'introduction d'un sang plus chaud, correspondent bien au type du cheval d'attelage. Les chevaux oldenbourgeois, sont issus de la même source que les hanovriens, mais dans cette contrée, au lieu de se servir du pur sang anglais, on s'est contenté du demi-sang et le cheval de l'Oldenbourg est plus rustique que celui du Hanovre. Restent les chevaux du Schleswig-Holstein, qui forment le seul type de trait que l'on élève en Allemagne.

Nous venons d'étudier l'organisation administrative des Haras en Prusse et nous avons constaté les résultats pratiques de l'ingérence administrative dans notre matière. Si nous en tenant maintenant exclusivement aux chiffres, nous établissons une comparaison entre l'Allemagne et notre pays, nous constatons d'assez fortes différences, mais hâtons-nous d'ajouter qu'elles sont beaucoup plus

1. Catalogue cité, page 134.

apparentes que réelles. Alors qu'au 1er janvier 1898 l'effectif général des étalons, entretenus dans les écuries de notre Administration des Haras, s'élevait à 2912, à la même époque le nombre total des reproducteurs logés dans les établissements prussiens était de 5359 ; mais nous devons aussitôt faire remarquer que cette différence tient exclusivement à ce fait, que l'on compte en Prusse les juments poulinières et jeunes étalons ou pouliches, nés et élevés par les soins de l'administration. Il ne faut donc pas attacher d'importance à la constatation de ces chiffres ; néanmoins, il est bon de faire remarquer que les données de la statistique, relevées plus haut, ne visent point tous les royaumes formant l'Empire d'Allemagne, et, que pour ne citer que les plus importants, on ne parle point des Haras de Radefin (Mecklembourg) et de Achselwang (Bavière).

Si nous considérons le total des sommes affectées en Prusse et en France à l'entretien des étalons, nous voyons que la dépense, par animal logé dans nos établissements s'élève annuellement à 1.090 fr., tandis que la dépense correspondant n'atteint, en Prusse, que 415 fr. Mais sur ce point une remarque est encore nécessaire pour expliquer un écart aussi sensible. On doit, en effet, insister sur ce fait que les denrées consommées par les étalons sont récoltées sur les domaines des haras prussiens, et que pour établir une juste comparaison avec la France, il faudrait ajouter à la somme des dépenses inscrites au budget de la Prusse, l'intérêt du prix représenté par ces domaines.

Si nous nous en tenions à ces explications, nous aurions bien montré l'intervention du Gouvernement prussien dans l'élevage national, mais nous n'aurions point justifié cette affirmation émise dès le début que les efforts de l'Administration sont heureusement secondés par l'initiative privée, agissant pour son propre compte. Il reste donc maintenant, avant de traiter la partie spécialement consacrée aux Courses, à parler des « associations d'élevage » que l'Etat encourage, sur lesquelles il a un droit de surveillance, mais qui n'en reste pas moins la manifestation très sûre de l'initiative particulière en matière d'élevage.

SOCIÉTÉS PRIVÉES

Ces diverses associations se sont fondées dans les différentes provinces qui s'occupent le plus spécialement d'élevage, et plusieurs, profitant des dispositions d'une loi récente (1897) se sont transformés en sociétés « enregistrées à responsabilité limitée », pour pouvoir donner une base plus solide à leurs opérations. C'est par l'intermédiaire de ces Sociétés qu'a été organisée la section Allemande, à l'Exposition de Vincennes.

L'Union centrale de Lithuanie et de Mazovie a grandement favorisé l'élevage du cheval dans la Prusse Orientale et c'est par ses soins qu'a été instituée, en 1899, la table généalogique du demi-sang du Haras de Trakehnen, qui est le fondement de toute la reproduction de la province, puisque toutes les races nobles du pays descendent directement ou indirectement de Trakehnen. La marque de cette table généalogique est une ramure d'elen, que tout animal porte à la cuisse droite.

L'association de l'Oldenbourg ne date que de 1897; son siège est à Rodenkirchen sur le Weser, et le nombre de sociétaires s'élève à 3.200. Cette association s'est particulièrement occupée de la fusion des deux tables généalogiques de l'Oldenbourg, sur lesquelles sont inscrites maintenant 1.400 étalons et 10.500 juments.

L'association des éleveurs de chevaux des marches du Holstein s'est fondée en 1883 et comprend plus de 1,000 membres; la table généalogique qu'elle institua est la plus ancienne, car le premir volume parut en 1886 et le quatrième est déjà paru. Aujourd'hui, sur cette table généalogique se trouvent inscrits 2.100 étalons et 4.500 juments; mais la confection de ce registre d'origine incombe à une des sections de l'Association. Une autre section s'occupe de la vente du matériel d'élevage et donne des renseignements sur chaque question. Enfin, d'autres sections ont présidé à l'institution des écoles d'équitation et de cochers à Elmshorn, et ont fondé des établissements d'instruction pratique, qui délivrent des certificats après un examen public, passé en présence des commissaires du Gouvernement et d'un représentant de la Chambre d'Agriculture.

Nous pourrions multiplier ces exemples, mais ce serait inutilement allonger cette étude, parce que les mêmes principes et les mêmes idées ont présidé à l'organisation et au développement de chacune de ces associations. Elles sont la preuve certaine de l'intérêt que tout bon Allemand porte à la prospérité de son pays et, sous des apparences trop commerciales et trop versatiles, elles ont du moins rendu le service de fixer les origines, dans de nombreuses tables généalogiques, dont la sérieuse élaboration a grandement servi la cause de l'élevage.

Les Courses

Nous avons vu que c'était en Allemagne que l'introduction du pur-sang anglais, comme régénérateur, avait suscité le moins d'opposition. Ces principes admis devaient inévitablement entraîner une évolution favorable aux courses, et leur institution date de 1822. Mais c'est surtout de 1870 à 1890 que les augmentations dans le total des journées de courses et des prix offerts furent le plus sensible. 53 réunions avaient lieu en 1870 ; ce chiffre passa à 123 en 1880 pour s'élever à 167 en 1890 (1).

Les sommes distribuées comme allocations avaient suivi la même marche ascendante et étaient passées de 605.925 fr. en 1870 à 3.490.525 fr. en 1890.

Le Gouvernement estima qu'il était utile de mettre un frein à cet engouement en n'accordant qu'avec mesure les autorisations de pari mutuel, exigées par la Loi, et

1. Touchstone, *op. citée.*

l'élan donné fut un peu ralenti ; mais, l'Etat n'en conserva pas moins son appui moral et matériel à l'institution même. Le chiffre des allocations n'avait d'ailleurs pas besoin d'être augmenté, car les Sociétés de courses pouvaient plus que suffire à leurs obligations pécuniaires, constatation que nous avons également faite, à propos de la France.

La Société la plus importante est l'Union-Club de Berlin dont l'hippodrome est situé à Hoppegarten et qui subventionne les principales Sociétés allemandes. Cette Union-Club joue le rôle de notre société d'encouragement ; d'ailleurs, le règlement général des Courses en Prusse, établi en 1875, est sensiblement analogue au nôtre.

Quelques différences méritent cependant d'être notées : c'est ainsi que les chevaux placés touchent une part assez importante du prix et que le 3e, le 4e et parfois même le 5e participent au partage, tandis que chez nous la presque totalité des allocations échoit au vainqueur. Les poids sont, en général, plus élevés que chez nous ; cela tient à ce fait que le Handicapeur (1) n'est pas limité par un maximum dans l'échelle des poids qu'il doit établir.

Bien que le total des prix consacrés aux courses d'obstacles soit inférieur à celui de ceux qui sont attribués aux courses de plat et qu'ainsi la différence entre les services rendus par ces deux catégories d'épreuves soit nettement marquée ce qui, nous l'avons vu, n'existe pas en

1. On appelle Handicapeur celui qui est chargé d'équilibrer par une juste répartition des poids, les chances des différents concurrents.

France, les steeple-chases, en Allemagne jouissent d'une grande popularité, et en particulier les militarys. L'Empereur Guillaume goûte beaucoup ce genre d'exercices, pour ses officiers, et prête attention à ce que les pistes soient garnies d'obstacles sévères, afin que les aptitudes des cavaliers puissent être aisément jugées. Ils s'ensuit que les chevaux bons sauteurs ont un avantage beaucoup plus sensible que chez nous. C'est ce qui explique, que de nombreux concurrents qui avaient paru sans succès sur nos hippodromes, parce qu'ils manquaient de vitesse, ont pu en Allemagne cueillir des lauriers sous les couleurs de leurs nouveaux propriétaires.

Quant aux concurrents français, ils ont été, en général, assez heureux dans leurs incursions sur les hippodromes allemands, et en particulier dans le Grand Prix de Baden-Baden, dont l'allocation, entrées et forfaits compris, s'élève toujours à plus de 100.000 francs. L'année dernière encore Gobseck remporta ce beau trophée, mais cette année notre champion Sospiro, bien que grand favori, ne joua aucun rôle sérieux dans l'épreuve.

Nous ne parlerons que pour mémoire des courses au trot qui avaient été confiées à des Sociétés de spéculation pure, et qui, plusieurs fois, à la suite de scandales, (dont ceux qui se passaient, au moment du Trotting-Club, sur l'hippodrome de Levallois ne peuvent donner qu'une faible idée) se virent retirer l'autorisation qui leur avait été donnée d'établir le totalisateur. Les épreuves de trot, qui se sont disputées en Allemagne, sont en général gagnées par des importations américaines et les trotteurs, nés et élevés dans le pays, n'ont que très peu de courses qui leur soient réservées.

En Allemagne comme en France, le totalisateur ou pari mutuel a été appelé à parfaire les différences. Après avoir passé par bien des vicissitudes, s'être vu autorisé, puis momentanément supprimé, le Mutuel a reçu définitivement une consécration officielle en 1887. Mais le pari n'a été autorisé que dans l'enceinte du pesage, ou plus exactement dans un endroit spécial, limité par des barrières et situé dans l'intérieur même du pesage. Pour avoir accès dans cette partie réservée, le joueur doit payer un supplément de 10 marks, sans préjudice de la somme qu'il a déjà versée, pour entrer sur l'hippodrome. Il paraîtrait même que l'enceinte réservée est interdite aux femmes et aux enfants au-dessous d'un âge déterminé.

Les Sociétés de Courses sont autorisées à prélever 6 pour 0/0 sur le total des mises engagées au Mutuel. Un cinquième de ce premier prélèvement est affecté à la constitution d'un fonds commun en vue de l'importation de reproducteurs de pur-sang. L'administration de ce fonds d'importation était attribuée à l'Union-Club, mais celle-ci l'a déléguée à la Société d'importation. L'Etat n'intervient donc pas d'une façon directe bien que presque tous les achats soient faits par le Comte Lehndorff, qui, en même temps qu'il préside le Comité de la Société d'importation, est Directeur Général des Haras impériaux.

Il semble donc que le développement pris par les

courses en Allemagne ne soit pas sensiblement différent de celui que nous avons été appelé à constater en France. La fièvre du jeu est tout aussi développée chez nos voisins, mais elle paraît plus localisée dans les grandes agglomérations. Les prélèvements opérés sur le pari mutuel servent également à favoriser l'élevage par l'intermédiaire de la Société d'importation qui a une investiture quasi officielle. Les achats faits à l'étranger ont donné d'excellents résultats et les courses ont ainsi contribué, d'une façon, il est vrai, plus pécuniaire qu'effective, à élever l'Allemagne au rang qu'elle occupe aujourd'hui.

Car, si nous envisageons la question d'un peu plus haut et que nous considérons les résultats obtenus, nous devons en toute franchise reconnaître que ces résultats sont exceptionnellement brillants et que l'Allemagne a réussi à atteindre le but bien spécial qu'elle s'était proposé. Tous les efforts ont été concentrés vers la production du cheval de guerre, et l'intervention de l'Etat dans les multiples applications que nous avons signalées, a trouvé sa justification dans la nécessité de réunir tous les éléments de la défense nationale. C'est à l'initiative privée, représentée par les associations d'élevage dont nous avons parlé, qu'il appartient maintenant d'ouvrir pour l'Allemagne l'heure de la prospérité commerciale.

Autriche-Hongrie.

Il est presqu'impossible d'envisager dans son ensemble

l'élevage austro-hongrois, car au point de vue agricole, l'Empire d'Autriche-Hongrie ne présente pas plus d'uniformité qu'au point de vue politique. Le caractère général de la production, le type des chevaux, leur origine, leurs qualités natives, tout cela varie, suivant que l'on considère l'Autriche ou la Hongrie. L'histoire seule suffirait à expliquer ces différences, et il paraît conforme à son souvenir de rencontrer en Hongrie, des chevaux qui sur plus d'un point rappellent les produits de la Russie, tandis qu'au contraire, en Autriche, la population chevaline conserve encore quelques traces de l'union avec l'Espagne et l'Italie. Mais, si l'on fait abstraction de cette diversité dans les races, pour s'en tenir uniquement au régime adopté par le Gouvernement Austro-Hongrois, en matière d'élevage, on remarquera que ce régime est le même pour l'Autriche que pour la Hongrie et que si ces deux contrées possèdent chacune une Direction des Haras indépendante, les règles de direction, le but poursuivi, sont identiques dans les deux parties de l'Empire.

Or, l'objectif que s'est donné le Gouvernement Austro-Hongrois est assez facile à définir : c'est celui de créer des chevaux aptes au service militaire. La preuve en est dans ce fait qu'il n'y a pas encore très longtemps que la direction des Haras était entièrement entre les mains du Ministère de la Guerre ; tous les Haras de l'Etat étaient des haras militaires et ce n'est qu'en 1869 que la direction générale fut confiée au Ministère de l'Agriculture et que les Haras militaires furent transformés en Haras de l'Etat.

L'élevage du cheval de gros trait est tout entier concentré en Autriche sous la forme du type de la race de « Pinzgau ». Aussi, l'étude de la production Hongroise nous semble beaucoup mieux appropriée à notre sujet et beaucoup plus capable de nous montrer dans leurs résultats pratiques, toutes les tentatives faites par le Gouvernement Austro-Hongrois pour développer son élevage national.

Le Parlement hongrois a toujours admis le principe de l'élevage des chevaux sous la haute direction de l'Etat et il semble que dans aucun autre pays, les institutions gouvernementales n'aient été aussi nombreuses, ni aussi développées qu'en Autriche-Hongrie. La direction de l'élevage, nous l'avons vu, est centralisée dans la section des Haras du Ministère de l'Agriculture, mais, il reste encore une trace du rattachement au Ministère de la guerre, dans ce fait que les employés des dépôts d'étalons sont encore militaires. Et l'on trouve à ce système l'avantage d'avoir un personnel, non exposé aux changements fréquents, et dont le recrutement peut être assuré en tout temps et en toutes circonstances.

Nous avons dit que le but poursuivi était la création et l'entretien d'une cavalerie susceptible de subvenir aux exigences de la guerre, aussi bien au point de vue du nombre qu'à celui de la qualité. On ne peut s'empêcher de faire remarquer que les mesures prises, en vue de l'amélioration et de l'élevage rationnel des chevaux de guerre, ont été couronnées de succès. Le Gouvernement a été l'un des premiers à rechercher pour ces Haras, des étalons de race pure. Le croisement avec l'étalon oriental avait permis au cheval hongrois ou magyar de conserver l'énergie, la résistance qui en avaient fait dans l'histoire, le vrai type du cheval de cavalerie légère.

Mais, sous la pression des nécessités nouvelles, on a dû viser à obtenir de la taille et, pour ce faire, on a eu recours au croisement avec le pur sang anglais. Les tentatives ont réussi au-delà de toute espérance. Le pur-sang hongrois est maintenant le cheval galicien, à qui on a donné une taille, une substance, une ampleur, inconnues jusque-là, qualités qui font de lui un cheval de selle de premier ordre. Ainsi l'Autriche-Hongrie qui était autrefois obligée de faire appel à l'étranger, pour subvenir aux besoins de son armée, aujourd'hui se suffit non seulement à elle-même, mais d'importatrice qu'elle était, est devenue exportatrice et dans des proportions chaque jour grandissantes. En effet, les sorties, qui, en 1894 s'élevaient au chiffre de 19.925, ont presque doublé dans l'espace de 5 ans et sont montées à 39.377 têtes.

On doit reconnaître que les transformations apportées depuis vingt ans, dans le régime de la propriété et de l'économie rurale en Hongrie avaient rendu nécessaire cette activité incessante et progressive des autorités gouvernementales. « Les propriétés rurales avaient eu à souffrir « du passage de la culture extensive à la culture inten-

« sive, du perfectionnement des moyens de communica-
« tion, de la mise en culture des grands pâturages. Telles
« étaient toutes les circonstances défavorables dont le
« gouvernement devait contrebalancer les effets pour
« que, tout en développant l'élevage, il pût conserver à
« nos chevaux les excellentes qualités de race et d'endu-
« rance qui les distinguent, leur force de résistance dans
« les différents climats... (1) »

Après avoir ainsi noté les circonstances qui ont obligé le Gouvernement Austro-Hongrois à intervenir et à réglementer l'élevage du cheval, nous allons examiner les moyens, par lui employés. De cette étude, nous pourrons tirer quelque profit, car l'ensemble des mesures prises est la meilleure indication que l'on puisse avoir pour apprécier l'utilité de l'ingérence administrative, en matière d'élevage. Nulle part ailleurs, nous ne retrouvons un groupement aussi complet d'encouragements et de précautions édictées pour assurer ce système de centralisation, absolument opposé à celui que nous avons vu fonctionner en Angleterre.

A. — Nous rencontrons d'abord, les établissements d'élevage appartenant à l'Etat, c'est-à-dire pour nous en tenir à la Hongrie, les Haras de Kisber, de Babolna, de Mezohegyes et de Fogaras.

Le haras de Kisber a été fondé en 1853, celui de Foga-

1. Brochure publiée sur l'*Elevage en Autriche-Hongrie à l'occasion de l'Exposition.*

ras en 1874, mais les deux autres datent de beaucoup plus loin, celui des Mezohegyes ayant été créé en 1785 et celui de Babolna en 1790. Le nombre des étalons stationnés dans ces quatre Haras est de 81, quant aux juments poulinières, leur effectif total est de : 981. Il faut bien entendre que ces établissements d'élevage sont analogues aux haras principaux, que nous avons vus en Prusse, c'est-à-dire qu'ils sont destinés à produire des étalons qui seront envoyés dans les dépôts pour agir ainsi directement sur la production nationale. C'est en un mot le système opposé à celui qui a prévalu chez nous et qui consiste à s'en remettre aux seuls achats pour obtenir des reproducteurs.

Il est trop évident que ces quatre haras, malgré les soins qui ont présidé à la sélection de leur effectif, donnent une certaine proportion de chevaux et juments inaptes à être conservés par l'Administration. Ces animaux de mérite inférieur et ces juments qu'il est impossible de classer, comme poulinières, sont vendues aux enchères publiques à Buda-Pest, à l'automne de chaque année, et les étrangers peuvent s'en rendre acquéreurs.

B. — Il convient de citer après les haras nationaux, les dépôts d'étalons dont les reproducteurs sont fournis par ces haras. On compte en Hongrie quatre dépôts d'étalons qui comprennent 18 sous-dépôts, alimentant 290 stations de saillies. Le nombre des étalons employés dans ces stations s'élève à 3.230, sur lesquels 1.805 ont été élevés dans les Haras de l'Etat et 1.435 proviennent de l'élevage des particuliers. Disons, pour être complet, que ce total de 3.230 accuse une augmentation de 200 pour l'année 1899, et que, les 3.069 étalons qui faisaient la monte en 1898 avaient sailli 137.945 juments pour la somme de 1 million 64.000 couronnes (1). La taxe de saillie varie entre deux et seize couronnes, elle peut s'élever jusqu'à 40 couronnes, pour certains étalons de pur-sang; mais en revanche, dans certaines régions pauvres, les étalons sont mis gratuitement à la disposition des éleveurs.

C. — Signalons un système que nous n'avons trouvé nulle part ailleurs et qui résume assez bien la combinaison de l'initiative gouvernementale et des efforts des particuliers : il consiste à distraire un certain nombre d'animaux appartenant aux dépôts d'étalons et à les confier à des propriétaires ou fermiers pendant une année moyennant une taxe de location de 600 à 2.000 couronnes. Sur les 3.230 étalons dont nous avons parlé plus haut, 207 ont été en 1899 loués dans les conditions énoncées.

D. — La production annuelle des quatre haras hongrois, ne suffisant pas à la remonte générale de l'administration, il est nécessaire de procéder à des achats ; mais sur ce point spécial le Gouvernement Hongrois a encore porté toute son attention, en créant une organisa-

1. La couronne vaut 1 fr. 25.

tion mixte, qui sauvegarde l'intérêt de l'Etat et celui des particuliers. Si des poulains sont, en effet, achetés à l'âge d'un an pour être élevés aux Haras de Mesohegyes, il y a des étalons, et leur nombre s'est monté à 300 en 1899, qui sont pris dans les haras privés, lesquels ont conclu avec l'Etat des conventions ayant pour but de conserver dans leurs domaines, jusqu'à l'âge de trois ans les futurs reproducteurs.

E. — Il est encore une partie du système hongrois qui mérite spécialement de retenir l'attention : c'est la cession faite aux communes d'étalons achetés par l'Etat. Les prix de cette cession varient entre 500 et 800 couronnes ; mais la Commune est obligée de mettre ces reproducteurs à la disposition du public, à des prix ne dépassant pas quatre couronnes par saillie. Les communes acquittent le prix d'achat par trois versements annuels ; pendant ce temps les étalons restent sous le contrôle des agents de l'Etat. Quelques sujets de valeur moindre sont donnés gratuitement aux communes pauvres.

Cet essai de décentralisation a fourni d'excellents résultats et le Gouvernement hongrois s'efforce de lui donner chaque jour, plus d'extension.

F. — Alors que chez nous, les étalons sont conservés par l'Etat, jusqu'à la réforme, en Hongrie l'Administration, toujours pour augmenter l'essor de l'initiative privée, cède aux éleveurs à des prix modestes (de 100 à 200 couronnes) des étalons plus âgés, indemnes de vices héréditaires, mais pouvant encore être employés à la saillie dans une mesure plus modérée. Les acheteurs prennent l'engagement de n'utiliser ces étalons que pour la reproduction et acceptent le contrôle du personnel des haras. Enfin, remarque importante, ces étalons ne peuvent être vendus à l'étranger, mesure protectrice très efficace.

G. — Les mêmes principes président à la vente des juments poulinières, sortant des dépôts nationaux et qui sont cédées aux éleveurs à des prix très peu élevés, à la condition que les acheteurs ne les vendent point et les conservent pour la reproduction.

H. — Une nouvelle intervention de l'État a encore été rendue nécessaire par les modifications apportées au régime de la propriété foncière en Hongrie. La superficie des pâturages qui étaient à la disposition des éleveurs, a diminué dans une forte proportion. Aussi le Ministre de l'agriculture a-t-il cru devoir favoriser le développement d'associations et de commissions d'élevage qui louent et entretiennent des pâturages pour poulains, en accordant à ces groupements de fortes subventions.

I. — Sans insister sur les allocations données aux municipes, pour récompenser les éleveurs dans les concours régionaux, nous sommes amenés à parler d'une dernière organisation, que nous avons rencontrée dans tous les pays : les courses de chevaux.

Les Courses

Nous avons vu que l'infusion du sang anglais, dans la production Austro-Hongroise, prenait chaque jour une plus grande importance, et dans ces conditions, il est logique que l'institution des Courses suive, dans ces pays, une marche progressive.

C'est en 1827 que le comte Etienne Szechenyi fonda avec l'appui de quelques magnats le Jockey-Club Hongrois, qui se proposait d'encourager et de développer l'élevage des chevaux pur-sang, en réglementant les courses qui n'étaient alors qu'à l'état absolument rudimentaire. Dès le début, des épreuves furent réservées aux chevaux indigènes qui purent bientôt avantageusement entrer en lutte contre les pur-sang anglais importés.

Mais ce n'est que depuis 1880 que les Courses ont pris en Hongrie un essor considérable. Au Jockey-Club est venu s'ajouter l'association des « gentlemen-riders » qui s'est consacrée plus spécialement aux Steeple-Chases et qui a grandement favorisé les épreuves de province en créant les « associations provinciales ». Quelques chiffres compléteront ces renseignements et serviront à établir des comparaisons pour apprécier les progrès réalisés.

En 1868, le Jockey-Club Hongrois a décerné comme prix 121.930 couronnes et les associations provinciales distribuèrent 88.796 couronnes.

En 1883, les allocations se sont élevées à 191.800 couronnes pour le Jockey-Club, à 101.125 couronnes pour les associations provinciales.

Enfin, en 1899, l'augmentation prend des proportions considérables, puisque les prix donnés par le Jockey-Club hongrois s'élèvent à 1.530.670 couronnes, tandis que les associations provinciales distribuent 407.272 couronnes.

Ces données officielles prouvent mieux que toute explication l'importance prise par les courses en Hongrie, sur l'initiative de sociétés privées.

Mais, il est utile de faire remarquer que le Parlement hongrois n'est pas resté étranger à toutes ces innovations et il accorde de fréquentes subventions aux Sociétés de courses. Enfin, par rescrit daté du 6 mars 1860, le Roi créa le fonds de l'élevage national, à qui était attribué une donation de 513.240 couronnes, placées en titres nominatifs, dont les revenus annuels sont remis à une commission de neuf membres, prise dans le Jockey-Club hongrois, pour en faire l'emploi qui lui paraîtra le plus profitable dans l'intérêt de l'élevage.

Le développement des Courses autrichiennes a suivi une marche parallèle à celui des courses hongroises, sous la haute direction du Jockey-Club de Vienne. Les courses d'obstacles ont presque toujours lieu en même temps que les courses plates, à l'instar de ce qui se passe en France, sur nos hippodromes de province. Quant aux courses de trot, elles ont pris depuis quelques années, en Hongrie, mais surtout en Autriche, une très grande importance, sous l'impulsion de nombreuses importations américaines.

Sur tous les hippodromes de trot, récemment créés, et en particulier sur celui de Baden, près Vienne, les parcours sont tracés selon le système américain et l'on a adopté le principe des courses en parties liées. Ces innovations devaient se répercuter sur l'élevage et dans ces derniers temps, des amateurs ont tenté le croisement des chevaux indigènes avec les trotteurs américains, tandis que d'autres se livraient à l'élevage d'Américains pur sang. Et si l'on consulte la liste des trotteurs, nous voyons que sur les seize qui, cette année ont gagné le plus d'argent en courses internationales, six seulement sont nés en Amérique.

Les épreuves récemment disputées sur nos hippodromes de Vincennes et de Levallois, donnent à cette question des trotteurs américains, importés en Autriche, un vif caractère d'actualité. Si les Caïd, les Colonel Kuser, les Bonnatella ont fourni sur nos pistes des vitesses inconnues jusqu'alors en France, il est permis de se demander quel résultat donneront au point de vue de l'élevage, en Autriche, les croisements américains, tout en constatant que chez nous, les essais tentés sur ce point ont été peu couronnés de succès.

Le pari mutuel ou totalisateur existe sur les hippodromes hongrois et autrichiens; il est perçu, par le Jockey-Club de chaque pays, une commission de 5 0/0 sur le montant des opérations ; on retient en outre, tout ce qui dépasse le florin et cette mesure augmente sensiblement le prélèvement. Les sommes provenant du jeu ont grandement contribué aux progrès réalisés, en ces dernières années et depuis 1893, on ne se sert sur les champs de courses du Jockey-Club hongrois, que des totalisateurs automatiques de système français.

CONCLUSION

Si l'on tient compte de toutes les mesures prises par le Gouvernement Austro-Hongrois pour développer l'élevage national et du précieux secours qu'apporte à cet élevage l'institution des Courses, on ne sera pas surpris des brillants succès obtenus, dont nous avons donné un aperçu au début de ce chapitre. L'examen de l'Exposition faite à Vincennes par le Gouvernement Royal de Hongrie, ne peut que nous confirmer dans notre première appréciation, et tel a été l'avis du Jury qui a décerné un prix extraordinaire. Les Arabes du dépôt de Babolna, « véritables aristocrates » de la race chevaline, étaient admirés sans réserve, et consacraient les résultats obtenus par le Gouvernement hongrois, qui n'a rien ménagé pour conserver, aux produits de ce haras, leur caractère spécial, en leur infusant le sang pur par des achats faits en Arabie et en Syrie. Les Gidran, demi-sang Arabes Hongrois, sont le type presque achevé du cheval d'armes et les pur-sang du Haras de Kisber peuvent avantageusement être utilisés comme étalons de croisement. Quant aux Noniuse, d'origine normande, ils représentent le demi-sang dans toute sa force et sa carrure.

Chez toutes ces races, on remarquait deux caractères très intéressants : l'harmonie dans la structure ; des membres sains et irréprochables. Est-il étonnant, dans ces conditions, que l'élevage austro-hongrois, soit en pleine prospérité et que le Pays qui, il n'y a pas encore bien longtemps, ne pouvait pas subvenir à ses besoins, soit aujourd'hui en mesure de répondre à toutes les demandes qui lui viennent de l'étranger ? Constatons, pour terminer, que ces remarquables progrès ont été obtenus par l'intervention de l'Etat, appliquée à tous les détails, mais, s'aidant avec mesure et habileté, des ressources, que bien dirigée, l'initiative privée pouvait fournir.

Russie.

L'Empire de Russie embrasse plus de la moitié de l'Europe et près de la moitié de l'Asie. Sur une aussi vaste étendue, le climat et la nature du sol sont nécessairement très variés et les animaux et les hommes, qui y vivent, présentent une grande diversité.

Il est cependant possible de distinguer un ensemble de traits communs, de caractères généraux qui agissent d'une manière analogue sur la vie animale de tout l'Empire. Nous remarquerons surtout la prédominance des plaines ; à part quelques contrées d'une étendue comparativement petite, la Russie n'est, en effet, qu'une vaste

« mer de steppes » que parcourent les animaux herbivores, par excellence, les bêtes à cornes et les chevaux.

Sous le rapport de la production chevaline, la Russie est aussi le plus riche pays du monde : il y a environ 22 millions de chevaux dans la seule Russie d'Europe, soit une moyenne de 26 chevaux pour 100 habitants, proportion que l'on ne rencontre chez aucun autre peuple. En ce qui concerne la Russie d'Asie, les données statistiques font naturellement défaut ; cependant, si l'on considère qu'en 1866 le nombre des « Kibitkas » ou ménages de « Kirgizes » qui habitaient les steppes de Sibérie s'élevait au chiffre de 300.000, que les plus pauvres de ces ménages ne possédaient jamais moins de 15 à 20 chevaux, que les plus riches en avaient quelquefois jusqu'à 8 et 10.000, on peut supposer que le nombre de chevaux dans la Russie d'Asie n'est pas de beaucoup moindre que dans la Russie d'Europe. « Dans tous les cas, la Russie « d'Europe et la Russie d'Asie, prises ensemble, possè« dent la plus grande moitié des chevaux de l'univers « entier » (1).

La Russie serait encore, si l'on s'en rapporte à l'opinion des savants, le berceau probable des races chevalines en général; tous les chevaux domestiques proviendraient des chevaux sauvages qui vivaient ou vivent encore dans les steppes de l'Asie Centrale, steppes dont une grande partie appartient maintenant à l'Empire Russe.

1. Dr L. de Simonoff et J. de Merder, *Les Races Chevalines avec une étude spéciale sur les chevaux russes.*

Les chevaux auraient suivi les peuples dans leur mouvement vers la Russie d'Europe, puis vers l'Europe Occidentale et cette migration du côté de l'Ouest, qui se continue encore aujourd'hui, serait appelée à prendre des proportions encore plus considérables, conséquence de la construction du « Transsibérien ».

On peut, par ce court exposé, facilement augurer de l'importance et de la variété des races chevalines en Russie. Cependant, à l'exception du cheval des Haras dont nous allons parler plus loin, toutes ces races diverses ont une origine commune et sont issues des chevaux de steppes. On peut distinguer, (*a*) les chevaux de steppes sauvages, (*b*) les chevaux de steppes demi-sauvages des populations nomades, (*c*) les chevaux de steppes dont l'élevage fait transition à celui des Haras, (*d*) les chevaux du type rustique.

Parmi les chevaux essentiellement sauvages, il faut nommer ; le tarpan, qui, il y a quelque quarante ans, existait encore dans les provinces de Kherson et de Tauride et qui, chassé, exterminé par l'homme, s'est réfugié dans les profondeurs de la Sibérie ; le cheval de Przevalski qui se trouve à l'état sauvage, dans les parties limitrophes du Turkestan russe et du Turkestan chinois ; l'hemione qui tient le milieu entre le cheval et l'âne et que l'on ne rencontre plus maintenant qu'en Sibérie.

Les chevaux demi-sauvages des peuples nomades sont par leur genre de vie, assez peu différents des chevaux entièrement sauvages. Ils passent toute l'année en plein air, naissent et grandissent en liberté, dans les steppes, ayant pour unique nourriture l'herbe qu'ils peuvent trouver eux-mêmes. Ils forment des «Kossiaks» (1), composés de quinze à vingt juments et dirigés chacun par un étalon qui les guide et les défend. Les accouplements se font sans aucune sélection et sont dus au pur hasard. Ces espèces, qui par quelques améliorations apportées dans les conditions de leur vie, pourraient rendre de très utiles services, se trouvent au Nord-est de la Gaspienne, chez les Kirghizes qui sont les représentants les plus purs du type nomade, comme leurs chevaux sont le produit le plus frappant des chevaux à l'état demi-sauvage.

Citons aussi les « Kalmouks », mais là on remarque déjà dans le mode d'élever les chevaux certaines améliorations, dues au contact plus intime avec les Russes et qui se traduisent par des provisions de foin pour l'hiver et par la construction d'abris, préservateurs du froid et du mauvais temps.

Accentuant encore la transition vers un élevage régulier, nous arrivons aux chevaux de steppes plus soigneusement élevés et nous relevons ici, pour la première fois, la trace de l'action de l'Etat sur l'élevage : les dépôts d'étalons étant souvent utilisés pour la reproduction de cette catégorie de chevaux. Il serait trop long d'étudier en détail toutes les variétés qui peuvent se rattacher à cette branche de reproduction des chevaux russes. Ci-

1. Le « Kossiak » est le harem de l'étalon.

tons seulement le cheval « bachkir » que l'on rencontre dans les provinces du Nord-Est de la Russie et qui sert à remonter les régiments de cosaques d'Oural et d'Orembourg. Malheureusement les « bachkirs » manquent de taille et on doit leur préférer les chevaux du Don, qui s'améliorent de jour en jour comme le prouvent les spécimens, envoyés par la Russie, à l'Exposition internationale de Vincennes. Les produits, issus de cette race des steppes avec des demi-sang, expédiés par le Haras de la province militaire du Don (1), étaient tous, d'une taille suffisante (1 m. 58) et rappelaient point pour point dans leur conformation, notre cheval de l'Avranchin, vulgairement dénommé cheval à « deux fins », parce qu'il peut indifféremment servir à la selle et à la voiture légère.

Signalons encore le cheval « Turcoman » très apprécié des officiers russes, qui, dans son ensemble, est moins distingué que les précédents, mais qui a plus de taille et est d'une endurance encore supérieure. Enfin, le cheval des cosaques de l'Amour qui doit sa notoriété à plusieurs « raids » célèbres, accomplis par des officiers.

Si nous passons aux chevaux russes du type rustique, nous rencontrons les « bitugues » de la province de Voronège. Ils sont issus du croisement d'étalons hollandais, importés par Pierre-le-Grand, avec les juments indigènes. Le bitugue est l'unique cheval de gros trait, essentielle-

1. *Catalogue général officiel de l'Exposition Universelle internationale.* Concours d'animaux reproducteurs : races de Russie, page 157.

ment russe. Sa taille est de 1 m. 60 à 1 m. 70, sa constitution robuste, sa corpulence le rapproche de nos percherons légers. Les « Kleppers » esthoniens, élevés en Esthonie et dans la partie esthonienne de la Livonie, forment avec les chevaux finlandais, une race de petits chevaux robustes, à l'encolure courte et épaisse, à la tête forte et busquée mais trop disposés à engraisser (1).

Restent les chevaux connus sous la dénomination de chevaux de paysans, d'une infinie diversité de formes et qui précisément, grâce à cette variété, peuvent subvenir aux usages les plus différents; leur nombre est très élevé et l'administration des Haras apporte une attention particulière à l'amélioration de ces chevaux, qui sont appelés à lui rendre de très grands services.

Nous devons maintenant dire quelques mots de ce que les hippologues russes, appellent les chevaux de Haras. En première ligne les trotteurs qui font plus de 40 0/0 de toute la production chevaline des haras privés. Le trotteur russe, qui jouit d'une très grande réputation, est un animal qui appartient en propre à la Russie et qui doit son origine au Comte Orlow-Tchesmensky, ce qui fait que l'on connaît ce trotteur sous le nom de trotteur « Orloff ». Il ne nous appartient pas d'indiquer ici tous les procédés employés par le Comte Orlow pour créer la race qui porte son nom. On en trouvera les détails dans une brochure publiée par la section russe et distribuée à profusion, lors

1. Catalogue cité.

de l'Exposition de Vincennes. Disons seulement que le but visé par le Comte Orlow était de prendre le cheval Arabe, qu'il considérait comme l'idéal de la race chevaline, et, sans lui faire perdre de sa noblesse, de sa vigueur, de l'acclimater en Russie, de donner plus de force à son système musculaire, de revêtir ses membres tendres et élégants d'une robe plus chaude, appropriée aux climats du Nord. Les chevaux de race Orloff étaient brillamment représentés à l'Exposition de Vincennes (1).

Mais le cheval Orloff restera le trotteur, de plus en plus entraîné, pour les besoins de la course ; tandis que le vrai cheval de selle russe est l'Orloff-Rostopchine ainsi nommé parce qu'il fut sélectionné par le comte Rostopchine, qui fonda un haras en 1802. Ces chevaux Orloff-Rostopchine, si l'on en juge du moins, par ceux exposés à Vincennes (2), diffèrent sur plus d'un point, du trotteur Orloff. Ils en diffèrent par leur robe beaucoup plus foncée, par leur croupe accusant beaucoup moins de sang ; mais, ce défaut est largement contrebalancé par un dessus plus droit et par un rein mieux attaché, ce qui permet à ces chevaux de supporter aisément le poids du cavalier, tandis que le trotteur Orloff, est plutôt le cheval d'attelage.

Les chevaux que l'on connaît sous le nom de Streletz et et qui sont fournis par le haras du même nom, fondé en 1805, se rapprochent extraordinairement du type Arabe,

1. Catalogue cité, page 37.

2. Catalogue cité, page 23.

dont ils ont la haute pureté, la noblesse de la forme et l'élégante ossature ; il n'est même pas jusqu'à leur robe qui ne soit semblable. D'ailleurs le rapprochement est si frappant que ces chevaux de Streletz sont quelquefois dénommés Russo-Arabes.

Dans les haras de l'Etat, sont également élevés des chevaux Arabes et Anglais pur sang, destinés à régénérer les races indigènes. Le jury spécial de l'Exposition a créé une distinction particulière pour l'étalon « Trident » pur-sang anglais, élevé en Russie.

Signalons enfin, les efforts récemment tentés pour l'élevage des chevaux de gros trait, mais sur ce point les résultats n'ont pas été très concluants. Il y a pourtant en Russie quelques spécimens des chevaux montagnards des Ardennes, qui, alors qu'ils ont disparu de chez nous, se sont conservés dans toute la pureté de leur race grâce aux mesures prises par le Grand Duc Nicolaïévitch. Il a été donné aux visiteurs de l'Exposition d'admirer plusieurs représentants de cette race Ardennaise.

Tels sont les renseignements techniques qu'il nous a paru nécessaire de donner avant de passer à l'étude de l'intervention du gouvernement Russe, en matière d'élevage.

II

LES HARAS EN RUSSIE

Sans avoir la prétention d'insister sur tous les détails historiques, qui font remonter les premiers indices d'une intervention régulière du Gouvernement à la fin du xve siècle sous le règne de Jean III, nous nous contenterons de signaler l'impulsion très grande que le Tsar Pierre le Grand donna à l'élevage des chevaux en Russie. Après avoir acheté des étalons hollandais, qui, par des croisements judicieux avec les juments indigènes, devaient produire la race « bitugue », Pierre Le Grand fonda quatre Haras de la Couronne, dans les provinces de Kazan, d'Azow, de Kiew et dans la ville d'Astrakan.

Les successeurs de Pierre le Grand suivirent son exemple, et Catherine II octroya pour les Haras de la Couronne, la somme de un million de roubles. Le développement des Haras privés était également favorisé, si bien qu'à la fin du xviiie siècle, ces haras avaient atteint le chiffre de 250.

Les guerres avec Napoléon causèrent de grands ravages dans les Haras russes qui disparurent pour la plupart en tant qu'Haras de l'Etat. Nous n'en comptons plus que six aujourd'hui, mais ils ont une importance autrement considérable, que ceux du XVIIIe siècle. Voici le nom et la destination de ces six Haras.

a). — Le haras de Krenovoye, situé dans la province de Voronège est précisément le célèbre haras fondé par le Comte Orlow-Thesmenski, et acheté à ses successeurs par le Gouvernement Russe en 1845 pour la somme de huit millions de roubles. Ce haras fournit des trotteurs et des chevaux de gros trait de races indigènes et de races étrangères.

b). — Le haras de Streletz produit les pur-sang Arabes et les Russo-Arabes auxquels nous avons fait allusion plus haut et quelques chevaux de selle de demi-sang.

c). — Le haras de Limarew fournit des chevaux de race Orloff-Rostopchine.

d). — Le haras de Novo-Alexandrowk fournit les demi-sang de race Anglaise. Ces trois Haras sont situés dans la province de Kharkow.

e). — Enfin les Haras de Derkoulsk et de Yanowk fournissent, le premier, des pur-sang de race anglaise et arabe, le second des pur-sang de race Anglaise.

Outre les Haras de l'Etat, il y a un haras de l'Armée du Don, pour les chevaux de selle provenant des croisements des chevaux du Don avec ceux des races orientales. Quant aux haras privés, leur nombre est très élevé et monte à près de 4000. Bien que ces Haras soient dispersés un peu sur tout le territoire de l'Empire Russe, les plus importants se trouvent dans la province du Don. Pour se faire une idée exacte de la situation géographiue des provinces de l'Empire Russe les plus favorisées, sous le rapport de l'Elevage, il est utile de consulter la carte spéciale, annexée à la brochure sur les chevaux russes, à laquelle nous avons fait allusion plus haut.

Enfin, pour encourager l'élevage dans quelques régions, privées de Haras, la direction générale des Haras Russes a créé des écuries de monte ou dépôts d'étalons ; chacun peut y envoyer des juments en payant pour la saillie, la somme modique de 1 à 10 roubles.

Ainsi donc, et les indications que nous venons de donner en sont une preuve certaine, le Gouvernement Russe se préoccupe au plus haut point du développement de l'élevage. Les Haras nationaux sont pourvus d'excellents reproducteurs et leur effectif est souvent renforcé d'étalons venus de l'étranger et pour l'achat des lesquels la Direction n'hésite pas à sacrifier de fortes sommes : tel par exemple Galtee-More, qui, importé d'Angleterre, a été payé 500.000 francs. Mais le Gouvernement n'intervient, autant que possible, que dans les régions où l'initiative privée, à l'aide de Haras particuliers, ne peut aisément se développer. Le moyen le plus sûr de réaliser des progrès, est de multiplier les stations de monte dont nous avons parlé plus haut.

III

LES COURSES EN RUSSIE

Nous venons d'étudier les moyens employés par le Gouvernement russe pour utiliser les immenses ressources dont il dispose en matière d'élevage. Il nous reste à parler des subventions qu'il donne comme encouragements aux Sociétés de courses. Ces allocations offertes par le Gouvernement dépassent la somme de 100.000 roubles : encouragement bien modeste, si l'on tient compte de l'immense superficie de l'Empire russe; mais on doit surtout s'attacher à ce fait, que le Sport en Russie est encore bien peu développé. « Ce n'est qu'un « petit enfant, qui, quoique déjà sorti de ses langes, n'est « cependant pas encore assez fort, pour pouvoir marcher « de lui-même (1) ». Et, en effet, bien que les courses existent en Russie depuis plus de 70 ans, on ne peut citer dans le vaste Empire que six grands journaux sportifs, ce qui est la meilleure preuve, que la majorité ne considère le Sport que comme un amusement frivole, incapable de contribuer à l'amélioration de la race chevaline du pays.

1. *Sport universel illustré*, n° 87. *Les courses en Russie.*

L'intervention gouvernementale n'a été véritablement stricte qu'en ces dernières années : elle a eu comme motif d'immixtion un simple incident arrivé aux Courses de Moscou. Le public, qui jouait au totalisateur pari-mutuel, mécontent de la décision des juges, détruisit les tribunes, mit le feu au baraquement du pari mutuel et à toutes les constructions du champ de courses. Ce détail, qui montre que, pas plus en Russie qu'ailleurs, le calme ne préside aux mœurs sportives, décida le Directeur général des Haras, à intervenir et à remplacer l'ancien totalisateur avec billets de 1 à 3 et 5 roubles par un nouveau avec billets de 10 roubles et c'est cette mise de 10 roubles, qui est aujourd'hui la mise minima en Russie. Il ne semble pas que cette mesure, destinée à enrayer la passion du jeu, ait porté ses fruits, car dans les villes de Saint-Pétersbourg, de Moscou et de Varsovie, les sommes encaissées par le Mutuel, ont encore augmenté et les ressources des Sociétés se sont ainsi trouvées considérablement accrues. Ces résultats ont permis de donner plus d'importance aux prix, sans que pour cela, la subvention gouvernementale atteigne un plus haut chiffre.

Les épreuves dotées des plus riches allocations sont : le Derby Russe, disputé sur l'hippodrome de Moscou, et qui s'élève à 36.000 roubles ; le prix en l'honneur de l'Impératrice qui atteint 25.000 roubles ; le grand prix de Saint-Pétersbourg et le derby de Varsovie d'une somme de 20.000 et 15.000 roubles.

Tous les hippodromes sont mixtes c'est-à-dire qu'ils

servent en même temps, aux courses plates et aux courses d'obstacles ; la saison des courses commence en avril à Odessa et finit en octobre ; quant aux chevaux qui disputent ces épreuves, ce sont, comme en Angleterre et en France, des pur-sang Anglais, élevés pour une infime partie en Russie et pour la plupart importés de l'étranger. Ce qui prouve, soit dit en passant, que les épreuves réservées aux platers et aux steeple-chasers, n'ont exercé et n'exercent encore aujourd'hui, qu'une influence peu décisive sur la direction générale de l'élevage.

Il n'en est pas de même des courses au trot, qui en Russie, méritent une mention spéciale, et qui jouissent d'une grande popularité, alors que dans les autres pays, elles sont presque toujours reléguées au second plan. Faisons tout d'abord remarquer qu'il n'y a en Russie que des épreuves au trot attelé et que ces épreuves ont lieu presque toute l'année ; seul, le mois de novembre est un mois de calme plat pour les sportsmen. Les chevaux sont presque toujours attelés à des sulkys, cependant on en voit quelquefois sur le traditionnel « drojkis », sorte de planche étroite, montée sur quatre roues basses, comme des roues de bicyclette. Le cocher est assis à cheval sur cette banquette étroite, et le cheval a l'attelage russe : le collier et la douga.

Les données officielles nous apprennent qu'il y a plus de mille Haras privés, destinés à la production du trotteur russe. Le plus important de ces haras appartient à l'intendant général des Haras de l'Etat, le grand Duc

Dimetri Constantinovich, ce qui prouve qu'en la matière les efforts des particuliers sont étroitement unis aux encouragements officiels. Ce haras avait envoyé à l'Exposition de Vincennes de beaux spécimens de la race Orloff et de la race Orloff-Rostopchine.

On a longtemps reproché au trotteur russe de manquer d'endurance, et de trop se dépenser en brillantes allures pour pouvoir tenir la distance. Ces critiques semblaient avoir leur raison d'être, il y a encore quelques années, et elles avaient pour les étayer de nombreux exemples. Mais les faits tout récents qui se sont passés à la réunion internationale de Vincennes, prouvent que les temps sont changés, puisque nous avons vu un trotteur russe battre le meilleur de nos champions à l'attelage, en fournissant le kilomètre en 1 m. 32, sur un hippodrome qu'une côte ne rend pas favorable aux « records ». Le même jour, nous avons eu l'exemple d'un autre trotteur russe qui, après s'être présenté dans la première épreuve de la journée, a pris part à une seconde course où il a fourni la même vitesse, ce qui montre à tout le moins que ses ressources n'étaient pas limitées à de courtes distances.

D'autres ont prétendu que le trotteur russe ne pouvait avantageusement se reproduire dans notre pays. Cette opinion est basée sur le souvenir du fameux Kosyr, qui, après avoir battu nos meilleurs champions, fut acheté 22.000 fr. par notre Administration des Haras et ne produisit que deux trotteurs d'ordre secondaire, dont les annales du trotting aient conservé les noms. Aucun fait récent n'est venu réduire à néant la portée de ces critiques.

Il résulte de ces détails donnés sur l'organisation des Courses en Russie, que les réunions de trot y jouent un rôle prépondérant. Dans les provinces du Centre en particulier, il y a très peu de villes qui n'aient une piste de trot, et les sociétés qui président à l'organisation de ces épreuves sont indépendantes de celles qui s'occupent de galop. Ce serait toutefois une inexactitude de considérer, comme quantité négligeable, les Courses de galop en Russie. Nous avons déjà fait connaître le montant des principaux prix et nous pouvons donner une dernière indication qui corroborera ce que nous avançons, en disant que M. Rezké, qui en 1897 arrivait en tête sur la liste des propriétaires gagnants, avait réussi à recueillir en prix 117.000 roubles. On peut donc sans crainte affirmer que l'institution des Courses a trouvé auprès du Gouvernement un appui favorable, et que des sociétés privées, très prospères, distribuent en prix de sérieux encouragements à l'élevage.

Le Gouvernement Russe n'a donc rien négligé pour arriver à un développement rationnel et complet de l'élevage national, et pourtant, s'il est une contrée où l'Administration aurait pu se désintéresser de la question, c'est à coup sûr dans le vaste Empire des Tsars. Là en effet, la nature, à elle seule, suffit encore pour satisfaire aux besoins pressants de la vie ; l'art n'y est pas encore imposé à l'homme par les nécessités urgentes de l'existence. Dans l'Europe occidentale, au contraire, il y a longtemps que cette vie serait impossible sans le concours actif de la science. Or, cette différence, dans les conditions matérielles, se fait surtout sentir en matière d'élevage.

Dans l'Empire Russe, l'élevage régulier ou artificiel des chevaux n'a été pratiqué que dans ces Haras particuliers encore peu nombreux, comparativement à l'immensité du territoire, puis dans les Haras impériaux, par le Gouvernement qui est et a toujours été le promoteur principal de toutes les améliorations et innovations utiles. Malgré ces concours réunis, le nombre des chevaux sélectionnés ne dépasse pas quelques centaines de mille, tandis que la grande masse (plusieurs dizaines de millions), sont élevés par la nature seule, sans l'intervention de la science. « Et, « alors qu'à quelques rares exceptions près, les races pri- « mitives n'existent plus dans l'Europe occidentale, ce sont « précisément de races distinctes, caractéristiques et sta- « bles que descendent ces troupeaux immenses de chevaux « qui parcourent les vastes steppes de l'Empire Russe. Si, « dans l'Europe Occidentale la main sacrilège de l'homme « a dû tout transformer, et tout plier aux besoins pres- « sants de la vie quotidienne » (1), en Russie, la nature toujours livrée à elle-même aurait pu subvenir seule aux nécessités du moment, au cas où le Gouvernement aurait voulu négliger une question dont la solution ne se pré-

1. De Simonoff et de Moërder, *op. cit.*

sentait pas comme immédiatement utile aux destinées de l'Empire.

République Argentine.

(*Chevaux de la Plata*).

L'importance de l'effectif équestre de la République Argentine, le souvenir des essais peu heureux faits pour importer en Europe le cheval de La Plata donnent un intérêt tout particulier à l'étude de l'élevage dans cette partie de l'Amérique du Sud. Avant de relater les mœurs et les coutumes de la « Pampa », faisons remarquer que le gouvernement argentin s'est abstenu de toute immixtion en la matière ; il est vrai que les préoccupations politiques ne lui en ont pas laissé le loisir, mais son intervention était, à première vue, moins nécessaire que dans d'autres contrées, car les propriétaires dans ces immenses prairies se voyaient naturellement forcés de consacrer leurs ressources et leurs efforts à l'élevage du bétail et des chevaux.

Cependant il ne suffit pas de produire beaucoup de chevaux, il faut encore pouvoir les utiliser ; sur ce point, l'immixtion gouvernementale eût été utile, en essayant de faire prévaloir dans les croisements quelques principes et d'imprimer une direction raisonnée. Or nous verrons que l'initiative de quelques riches particuliers a seule contribué aux progrès réalisés.

I.

L'aïeul du cheval pampa est le cheval berbère ou barbe ; cette race, importée en Andalousie pendant les sept siècles de l'occupation mauresque, fut introduite à la Plata lors de l'expulsion des Maures et de la découverte de l'Amérique.

Les règles primordiales de l'élevage du cheval pampa sont inspirées par le souci de produire à bon marché. Un étalon entouré d'une vingtaine de juments erre en liberté ; il conduit en maître sa petite troupe sa « manada » ; les différentes troupes ne se mêlent pas, et pourtant elles sont fort nombreuses puisque dans une « estance » on peut en compter jusqu'à cent.

Les poulains, arrivés à l'âge de puberté, sont marqués et castrés, puis groupés en « tropillas » sous la conduite d'une jument. On s'occupe de les « entablar » c'est-à-dire d'établir entre tous ces éléments qui composent le groupe un lien de famille factice ; puis vient le moment du domptage. Mais les chevaux ainsi arrivés au point d'être domptés ne sont pas sauvages, puisqu'ils ont déjà subi la marque et la castration. L'opération n'est qu'une longue série de brutalités révoltantes, où le fouet et les liens jouent le rôle essentiel ; l'animal a bientôt fait de céder à la peur.

Voilà pour les chevaux castrés ; quant aux étalons qui restent à la conduite des « manadas » aucune règle n'a présidé à leur sélection. Le « Gaucho » se laisse guider dans son choix par un signe quelconque, une marque distinctive et non par les qualités qui sembleraient indiquer un bon reproducteur. Restent les juments ; une distinction est nécessaire entre juments grasses et maigres ; les premières sont vendues pour que l'on en retire de l'huile, les autres sont gardées parce qu'il est impossible de faire autrement.

Le cheval dompté peut être vendu 100 fr. ; le cheval de la pampa vaut de huit à dix francs ; le prix moyen des juments grasses est de 25 fr. Tel est, résumé en quelques mots, l'élevage dans les pampas.

Cet élevage doit se transformer pour pouvoir donner des résultats pratiques, car les chevaux en trop grand nombre sont inutiles, leur piétinement est funeste aux terrains, et les animaux consomment moins le pâturage qu'ils « ne le détruisent. Et puis, à quoi peut servir ce grand « nombre de chevaux jusqu'ici conservés plutôt qu'élevés, « qui n'ont été l'objet d'aucune sélection raisonnée, puis« que l'exportation a renoncé à demander à la « Pampa » « ce qu'elle ne sait pas lui donner et que la consomma« tion locale demande autre chose que ce qui est pro« duit. » (1)

1. Daireaux. *L'industrie pastorale dans la République Argentine.*

2.

Est-il donc nécessaire de renoncer aux importations de chevaux de la Plata, et les essais sont-ils à jamais condamnés à l'insuccès? On ne saurait raisonnablement le soutenir. Certes les tentatives jusqu'ici faites n'ont pas réussi, mais il est possible de trouver les raisons d'un pareil échec.

Les circonstances n'étaient pas favorables, et les habitants trop peu habitués au commerce des Européens. Les propriétaires des immenses troupeaux demandaient des prix peu en rapport avec la valeur des animaux, les conditions des marchés s'équilibraient difficilement, et comme le temps pressait, comme l'heure de l'embarquement approchait, les importateurs étaient obligés de choisir rapidement et de s'en rapporter un peu au hasard. Les achats furent ainsi presque toujours faits dans de mauvaises conditions.

Ensuite les précautions les plus élémentaires ne furent pas prises, pour chercher à accoutumer chez nous les animaux importés. On ne tint compte ni du changement de climat, ni du changement de régime, et en donnant au cheval de la « Pampa » une nourriture trop substantielle, on arriva à en faire un sujet rétif, ombrageux, impropre à tout service régulier.

A ces inconvénients que, pour la plupart, on aurait d'ailleurs pu éviter, il est utile d'opposer les avantages dont on cherchait à profiter.

La vie de la Pampa, depuis trois siècles, a donné au cheval de ces régions une résistance, une sobriété extraordinaires ; sous des apparences chétives qui sembleraient dénoter un tempérament lymphatique, le cheval de la Plata est très endurant et vit « de l'air du temps », qualités qui en feraient un cheval de guerre exceptionnel. De plus, l'élevage libre peut donner à moins de frais qu'en Europe un sujet de race, et d'excellents produits pourraient être rendus en France au prix moyen de 600 fr. à 700 fr.

Une nouvelle expérience ne semble pas néanmoins sur le point d'être tentée, car les risques du transport, les aménagements insuffisants des paquebots décourageront encore pour longtemps les importateurs. Il n'en était pas moins nécessaire de s'y préparer ; quelques particuliers de La Plata l'ont compris en se fixant comme but le relèvement de la taille et une éducation plus soignée donnée aux chevaux de la Pampa.

3.

Un Anglais, M. Edouard Olivera, possesseur d'une immense fortune, choisit les juments indigènes les plus remarquables par leur taille et leur robe, et les livra à des étalons Cleveland ; il obtint des produits qu'il croisa avec des percherons légers ; ses résultats auraient, paraît-il, été couronnés de succès, et les chevaux ainsi élevés vaudraient aujourd'hui de 1500 à 2000 francs.

Nous avons choisi cet exemple entre beaucoup d'autres; mais on peut dire que grâce aux sacrifices consentis par les éleveurs argentins pour importer des représentants des meilleures familles, des modifications très heureuses ont été apportées ; les troupeaux nombreux compagnons inséparables du « Gaucho » ont diminué ; l'élevage du cheval de trait se développe rapidement, et le cheval de luxe est chaque jour plus recherché.

Il n'est pas jusqu'aux Courses qui n'aient pris dans ce pays un immense développement; les habitudes s'y prêtaient et le tempérament très joueur de l'habitant explique à lui seul la prospérité de l'institution.

Le « Gaucho » lui-même prit toujours attention à ses chevaux de courses, mais le jeu était son seul but, car presque tous les coursiers étant hongres, l'amélioration de la race ne pouvait être invoquée. Alors que les chevaux de la Pampa restaient, comme nous l'avons vu, complètement livrés à eux-mêmes, le « parejero » se voyait au contraire entouré de soins par « l'aficiona » ou amateur de courses. L'hippodrome était partout où il était possible de réunir quelques habitants, accourus à cheval pour risquer non leurs économies (le mot est inconnu dans le pays) mais leurs gains futurs.

Comment s'étonner qu'avec de pareilles mœurs, les Courses aient envahi les grands centres en s'y modernisant.

Déjà en 1889, un cheval était payé 350.000 fr. ; ce prix a été dépassé et de nombreux haras ont été créés, tous par des particuliers. Deux grandes Sociétés de courses dirigent le mouvement ; le Jockey Club de Buenos-Ayres et « l'Hippodromo Nacional ». Chacune de ces Sociétés possède un bulletin officiel, mais leur règlement est identique, et elles fixent le jour de leurs réunions de manière à ne pas se faire concurrence. Inutile d'ajouter que le jeu tient toujours un rôle prépondérant ; les « bookmakers » exercent une industrie excessivement prospère, et on a vu des fortunes s'effondrer et se reconstituer en quelques journées. Ces bouleversements ont même plusieurs fois provoqué l'intervention de membres du Parlement, mais que faire lorsqu'il faut aller à l'encontre de coutumes profondément enracinées dans une contrée ?

On ne doit pas s'attacher uniquement aux inconvénients d'une institution et négliger de prendre en considération ses avantages. Or les Courses à la Plata ont favorisé dans une large mesure l'importation d'excellents reproducteurs ; c'est grâce à ces importations que les éleveurs argentins ont pu opérer de bons croisements, prélude de l'amélioration définitive de la race et de l'utilisation des immenses ressources du pays.

CONCLUSION

Nous croyons inutile de pousser plus loin notre étude sur l'Élevage et les Courses dans les différents pays. Nous avons choisi les contrées où la production chevaline était la plus importante (comme l'indique le tableau H des annexes) et, malgré ces exemples restreints, nous avons pu étudier tous les systèmes appliqués par les Gouvernements pour favoriser le développement de l'élevage national.

En Angleterre, terre classique du sport, nous avons trouvé un régime de liberté absolue, qui laissait tout faire à l'initiative privée et excluait toute intervention gouvernementale.

L'Allemagne nous a montré l'ingérence administrative appliquée à la réalisation d'un seul but : la production du cheval de guerre. Tous les sacrifices ont été consentis, et l'Etat, propriétaire des étalons et des poulinières, peut donner à l'élevage la direction qui lui semble la plus profitable.

Le système adopté par l'Autriche-Hongrie n'est pas sensiblement différent dans son principe de celui en vigueur en Allemagne ; mais l'application pratique mérite d'être signalée, en ce sens que les Hongrois ont multiplié les mesures propres à stimuler l'initiative des particuliers, et à lui permettre d'apporter à l'Etat un concours précieux et salutaire.

La Russie nous a donné le spectacle d'un vaste territoire, extraordinairement riche en ressources équestres et où par conséquent le Gouvernement aurait pu s'abstenir et négliger d'imposer sa direction. Mais telle n'a pas été la ligne de conduite des Russes, qui ont eu à cœur de maintenir la pureté de leurs races, et de conserver à leurs trotteurs la superbe distinction qui les impose à l'admiration de tous.

Notre étude sur la République Argentine nous a permis d'apprécier les richesses chevaline de cette contrée, mais nous a aussi montré la nécessité d'une intervention de l'Etat, unie à l'initiative particulière pour tirer parti de ces richesses.

Dans les quatre Etats que nous avons spécialement étudiés, et quel que soit le principe qui préside à la direction de l'élevage nous avons été amenés à constater l'importance chaque jour plus grande prise par les Courses. Partout, sauf en Angleterre, les Gouvernements ont obéi à l'impulsion et organisé le système de pari officiel, connu sous le nom de Mutuel.

Puisque telle est la situation en Europe, nous ne devons pas nous montrer plus rigoristes que nos voisins ; nous ne pouvons, sous prétexte de considérations morales, négliger d'utiliser toutes les ressources, susceptibles de sauvegarder les intérêts de notre Elevage, qui sont en même temps ceux de la Défense Nationale.

Vu : le Président de la thèse,
LÉVEILLÉ

Vu : le Doyen,
GLASSON.

Vu et permis d'imprimer,
Le Vice-Recteur de l'Académie de Paris
GRÉARD.

A

Relevé des naissances annuelles des produits du pur-sang déclarées de 1881 à 1898.

Années	Produits de pur-sang			Total
	Anglais	Anglo-arabe	Arabe	
1881	742	169	32	943
1882	745	193	46	984
1883	719	184	53	956
1884	798	243	46	1.087
1885	784	262	38	1.084
1886	755	266	50	1.071
1887	832	258	47	1.137
1888	783	284	57	1.124
1889	801	292	53	1.146
1890	879	293	43	1.215
1891	914	301	47	1.262
1892	1.098	370	50	1.518
1893	1.302	386	54	1.742
1894	1.324	386	47	1.757
1895	1.473	463	50	1.986
1896	1.487	467	41	1.995
1897	1.702	477	57	2.236
1898	1.723	603	63	2.389

B

Remonte des Etalons.

Années	Etalons de l'Etat		Etalons approuvés	
	Effectif total des étalons	Nombre de juments saillies	Effectifs d'étalons	Nombre de juments saillies
1891....	2.509	142.292	1.225	66.330
1892....	2.600	139.919	1.267	64.608
1893....	2.678	132.371	1.264	61.779
1894....	2.731	140.045	1.216	58.728
1895....	2.809	157.357	1.215	59.407
1896....		165.610	1.221	61.195
1897....		163.597	1.250	62.164
1898....		166.985	1.261	63.519

C

Années	Etalons autorisés		Etalons ayant sollicité le certificat vétérinaire	
	Effectifs d'étalons	Juments saillies	Approuvés	Refusés
1891....	149	6.767	6.106	210
1892....	200	6.974	6.016	213
1893....	192	6.790	5.928	148
1894....	207	7.092	5.409	142
1895....	178	5.995	5.906	181
1896....	184	6.781	6.340	165
1897....	203	9.063	6.515	158
1898....	194	7.968	6.931	194

D

Années	État et Sociétés	Course plate	Course d'obstacle	Course au trot	Totaux
1891	Etat	169.050	»	319.750	488.800
	Sociétés	3.535.590	2.878.750	534.625	7.560.965
		9.153.156			
1892	Etat	169.050	»	366.650	537.700
	Sociétés	3.637.685	2.834.560	695.670	7.167.915
		9.618 610			
1893	Etat	173.900	»	389.650	563.550
	Sociétés	3.909.756	3.195.185	697.135	7.802.076
		10.683.015			
1894	Etat	170.000	»	391.600	561.500
	Sociétés	4.085.590	3.260.505	479.735	7.825.830
		10.738.250			
1895	Etat	171.200	»	393.150	564.350
	Sociétés	4.199.985	3.321.285	654.350	8.175.620
		11.175.730			
1896	Etat	182.700	»	389.750	572.450
	Sociétés	4.288.180	3.652.870	710.215	8.651.265
		11.676.490			
1897	Etat	195.200	»	412.775	607.975
	Sociétés	4.662.320	3.986.125	735.762	9.344.207
		12.652.137			
1898	Etat	196.700	»	376.775	573.475
	Sociétés	5.041.135	4.064.942	754.250	9.860.327
		13.428.637			

E

Le tableau suivant fait ressortir la comparaison entre les importations et exportations des chevaux pendant la période de 1880 *à* 1890.

Années	Importations	Exportations	Différence en faveur des Importations	Différence en faveur des Exportations
1880........	25.714	9.628	16.086	»
1881........	22.152	10.844	11.308	»
1882........	20.406	13.183	7.283	»
1883........	19.127	17.185	1.942	»
1884........	14.704	18.033	»	3.329
1885........	12.021	25.502	»	13.481
1886........	11.691	28.337	»	16.646
1887........	10.212	34 518	»	24.306
1888........	12.115	37.933	»	25.818
1889........	12.157	35.862	»	23.705
1890........	14.258	28.418	»	14.160

F

Le tableau suivant fait ressortir la comparaison entre les exportations et les importations de chevaux et leur valeur respective pendant la période 1891 *à* 1899.

Années	Importations	Sommes	Exportations	Sommes	Différence en faveur des exportations		Différence en faveur des importations	
					Nombre	Valeur	Nombre	Valeur
1891..	16.007	20.948.700	24 103	32.390.070	8.096	11.441.370	»	»
1892..	14.343	18.343.200	21.702	20.326.300	7.359	1.983.100	»	»
1893..	15.269	18.350.450	24.121	21.759.850	8.852	3.409.400	»	»
1894..	21.031	24.959.550	22.326	20.140.200	1.295	»	»	4.819.350
1895..	36.467	38.543.150	21.483	19.126.800	»	»	14.983	19.416.350
1896..	32.912	34.611.750	20.945	18.746.200	»	»	11.967	15.865.550
1897..	38.265	39.601.300	23.861	21.173.150	»	»	14.404	18.428.150
1898..	25.864	28.409.050	20.669	18.589.550	»	»	5.195	9.819.500
1899..	»	»	»	»		»	»	»

G

Relevé des sommes versées au Mutuel pendant la période 1891-1899.

Années	Total des sommes versées	Elevage	Bienfaisance
1891.........	5.823.683	58.236 83	116.473 66
1892.........	169.799.779	1.697.997 79	3.395.995 58
1893.........	189.498.877	1.894.988 77	3.789.977 54
1894.........	183.473.061	1.834.730 61	3.669.461 22
1895.........	163.018.413	1.630.184 13	3.260.368 26
1896.........	197.295.477	1.972.954 77	3.945.909 54
1897.........	213.197.692	2.131.976 92	4.263.953 84
1898	221.400.799	2.214.007 99	4.428.015 98
1899.........	255.678.085	2.556.780 85	5.113.561 70

H

Statistique internationale des chevaux.

	1876 millions de têtes	1886 millions de têtes	1898 millions de têtes
Autriche................	3.5	3.5	3.7
France..................	2.8	2.8	2.8
Allemagne...............	3.»	3.3	3.8
Angleterre..............	2.5	2.7	2.1
Russie..................	16.»	21.5	21.7
Italie..................	0.7	0.7	0.7
Autres pays.............	3.»	3.3	3.6
	31.5	37.8	38.4

Loi ayant pour objet de réglementer l'autorisation et le fonctionnement des courses de chevaux.

Le Sénat et la Chambre des Députés ont adopté,

Le Président de la République promulgue la loi dont la teneur suit :

Article premier. — Aucun champ de courses ne peut être ouvert sans l'autorisation préalable du Ministre de l'agriculture.

Art. 2. — Sont seules autorisées les courses de chevaux ayant pour but exclusif l'amélioration de la race chevaline et organisées par des Sociétés dont les statuts sociaux auront été approuvés par le Ministre de l'agriculture, après avis du Conseil supérieur des haras.

Art. 3. — Le budget annuel et les comptes de toute Société de courses sont soumis à l'approbation et au contrôle des Ministres de l'agriculture et des finances.

Art. 4. — Quiconque aura, en quelque lieu et sous quelque forme que ce soit, exploité le pari sur les courses de chevaux, en offrant à tous venants de parier ou en pariant avec tous venants soit directement, soit par intermédiaire, sera passible des peines portées à l'article 410 du Code pénal.

Seront réputés complices du délit ci-dessus déterminé et punis comme tels :

1° Quiconque aura servi d'intermédiaire pour les paris dont il s'agit, ou aura reçu le dépôt préalable des enjeux.

2° Quiconque aura, en vue des paris à faire, vendu des renseignements sur les chances de succès des chevaux engagés, ou qui, « par des avis, circulaires, prospectus, cartes-annonces, ou par tout autre moyen de publication, aura fait connaître l'existence soit en France, soit à l'étranger, d'établissements, d'agences ou de personnes vendant ces renseignements ». (Loi du 1er avril 1900).

3° Tout propriétaire ou gérant d'établissement public qui aura laissé exploiter le pari dans son établissement.

Les dispositions de l'article 463 du Code pénal seront, dans tous les cas, applicables aux délits prévus par la présente loi.

Art. 5. — Toutefois les sociétés remplissant les conditions prescrites par l'article 2 pourront, en vertu d'une autorisation spéciale et toujours révocable du Ministre de l'agriculture, et moyennant un prélèvement fixe en faveur des œuvres locales de bienfaisance et de l'élevage, organiser le pari mutuel sur leurs champs de courses exclusivement, mais sans que cette autorisation puisse infirmer les autres dispositions de l'article 4.

Un décret rendu sur la proposition du Ministre de l'agriculture déterminera la quotité des prélèvements ci-dessus visés, les formes et les conditions du fonctionnement du pari mutuel.

La présente loi, délibérée et adoptée par le Sénat et

par la Chambre des députés, sera exécutée comme loi de l'Etat.

Fait à Paris, le 2 juin 1891,

CARNOT.

Par le Président de la République :

Le Ministre de l'Agriculture.

JULES DEVELLE.

Décret du 7 juillet 1891, réglementant l'autorisation et le fonctionnement des courses de chevaux en France, modifié par les décrets des 16 janvier 1894 et 3 février 1896.

LE PRÉSIDENT DE LA RÉPUBLIQUE FRANÇAISE

Vu la loi du 2 juin 1891 réglementant l'autorisation et le fonctionnement des courses de chevaux en France ;

Sur la proposition des ministres de l'Agriculture, de l'Intérieur et des Finances.

Décrète :

ARTICLE PREMIER. — Les Sociétés de courses autorisées conformément aux articles 1 et 2 de la loi du 2 juin 1891 qui voudront instituer le pari mutuel sur leur champ de courses, devront adresser annuellement à cet effet au ministre de l'agriculture, par l'intermédiaire des préfets des départements dans lesquels existent leurs hippodromes, une demande spéciale d'autorisation qui devra être accompagnée :

1° D'un état certifié conforme des comptes en recettes et dépenses de l'exercice précédent;

2° Du budget de la Société pour l'exercice en vue duquel est demandée l'autorisation d'installer le pari mutuel ;

Et 3° d'un relevé des dates des trois journées de courses prévues pour le même exercice, avec l'indication du nombre de courses par journées.

Art. 2. — Les autorisations de fonctionnement du pari mutuel delivrées par le Ministre de l'agriculture sont annuelles.

Toutefois ces autorisations pourront toujours être retirées en cours d'exercice, soit pour cause d'inexécution des prescriptions de la loi du 2 juin 1891 ou des décrets et arrêtés pris en exécution de la dite loi, soit pour des raisons d'ordre public.

L'arrêté d'autorisation fixera pour chaque Société de courses la quotité du prélèvement qu'elle pourra faire sur les recettes brutes du pari mutuel pour les frais d'administration.

Art. 3. — Il sera prélevé sur la masse des sommes versées au pari mutuel de chaque hippodrome et avant tout autre prélèvement.

1° 2 0/0 en faveur des œuvres locales de bienfaisance ; le montant de ce prélèvement devra être versé dans un délai de huit jours : à Paris à la Caisse des dépôts et consignations et dans les départements aux caisses des trésoriers-payeurs généraux et receveurs particuliers préposés à la Caisse des dépôts ;

2° 1 0/0 en faveur de l'élevage ; le montant de ce prélèvement devra être versé également dans un délai de huit jours : à Paris à la recette centrale des finances, et dans les départements à la Trésorerie Générale.

Un bordereau établi par le président de la société et visé par le préfet du département sera remis à l'appui de chaque versement.

Art. 4. — Les sommes provenant des prélèvements faits en faveur des œuvres d'assurance seront centralisées à la Caisse des dépôts et consignations et inscrites à un chapitre intitulé : *Produits du prélèvement effectué sur le pari mutuel en faveur des œuvres locales de bienfaisance.*

Les fonds recueillis au profit de l'élevage seront centralisés et mentionnés dans les écritures du Trésor à un compte distinct intitulé : *Produits du prélèvement fait sur le pari mutuel en faveur de l'élevage*, pour être rattachés au budget du Ministère de l'agriculture dans la forme usitée en matière de fonds de concours.

Art. 5 (modifié). — Les sommes provenant du prélèvement de 2 0/0 en faveur des œuvres de bienfaisance seront administrées et réparties par les soins d'une commission spéciale, nommée par arrêté du Ministre de l'agriculture, et qui sera ainsi composée :

Le Ministre de l'agriculture, *président* ;

Le Ministre de l'intérieur, *président* ;

Le vice-président du Conseil supérieur de l'Assistance publique, *vice-président* ;

Trois sénateurs ;

Trois députés ;

Le Directeur général de la comptabilité publique au Ministère des finances ;

Le Directeur de l'Assistance et de l'Hygiène publiques au Ministère de l'intérieur.

Le Directeur de l'administration départementale et communale au Ministère de l'intérieur ;

Le Directeur du Contrôle des administrations financières, de l'Inspection générale et de l'Ordonnancement ;

Le Directeur de la Caisse des dépôts et consignations.

Le Directeur des Haras ;

Un Inspecteur des finances ;

Un avocat du barreau de Paris ;

Deux fonctionnaires du Ministère de l'Agriculture ;

Deux représentants de l'Assistance publique de Paris :

Le Chef de division du Secrétariat et de la Comptabilité au Ministère de l'Agriculture ; *secrétaire général* ;

Et deux secrétaires désignés, l'un par le Ministère de l'Agriculture, et l'autre par le Ministère de l'Intérieur.

Le payement des fonds au profit des œuvres locales de bienfaisance, sera effectué, d'après les états de répartition produits à la Caisse des dépôts et consignations, par le président de la Commission, ou, à son défaut, par le vice-président.

Art. 6. — Les sociétés de courses autorisées en exécution de la loi du 2 juin 1891 et du présent décret sont placées, au point de vue de *leur gestion financière et des opérations du pari mutuel* sous la surveillance et le contrôle de l'inspection générale des finances, qui peut se faire représenter les registres, pièces comptables et tous autres documents qu'elle jugera nécessaires aux vérifications ci-dessus visées.

En outre, dans les départements autres que ceux de la Seine et Seine-et-Oise, les mêmes droits appartiendront aux trésoriers généraux et receveurs des finances :

Art. 7. — La police antérieure des champs de courses sera assurée par les soins du Ministre de l'Intérieur, qui délèguera à ses agents dans tous les départements les pouvoirs nécessaires à cet effet.

Art. 8. — Les Ministres de l'agriculture, des finances et de l'intérieur sont chargés, chacun en ce qui le concerne, de l'exécution du présent décret.

Décret

Le Président de la République française,

Vu la loi du 2 juin 1891 sur les courses de chevaux en France ;

Vu le décret du 7 juillet suivant, rendu en exécution de ladite loi ;

Vu les délibérations et le rapport de la Commission spéciale chargée de l'étude des questions se rattachant à la situation financière des Sociétés de courses et au fonctionnement du pari mutuel ;

Sur la proposition du Président du Conseil, Ministre de l'agriculture.

Décrète :

Titre Premier

De la comptabilité des Sociétés de courses.

Article Premier. — Les Sociétés qui, en exécution de la loi et du décret précités, sont autorisées par le Ministre de l'agriculture à ouvrir un champ de courses doivent établir annuellement leur situation financière (comptes et budgets), de manière à distinguer très nettement leurs ressources propres et les produits résultant du fonctionnement du pari mutuel dans les conditions prévues par la loi du 2 juin 1891.

A cet effet, chaque Société doit tenir deux comptabilités distinctes :

La première s'appliquant à ses ressources propres, telles que cotisations des sociétaires, recettes aux entrées, intérêts des fonds disponibles, locations et fourrages, etc.

La seconde comprenant le produit des prélèvements autorisés annuellement par le Ministre de l'agriculture sur le montant des sommes engagées au pari mutuel.

Art. 2. — La comptabilité spéciale relative aux produits du pari mutuel comprend :

1° *En recettes :*

Les prélèvements de 1 et 2 p. 0/0 en faveur de l'élevage et de la bienfaisance ;

Le prélèvement pour les frais ;

Les bonis sur les centimes ;

Les erreurs en gain ;

Les intérêts d'un fonds spécial destiné à faire face aux insuffisances de recettes ;

2° *En dépenses :*

Le versement des prélèvements de 1 et 2 p. 0/0 ;

Les frais spéciaux d'établissement et d'exploitation du pari mutuel, ainsi que la part incombant au pari mutuel dans les dépenses générales de loyer et de police suivant le proportion ci-après : 25 p. 0/0 de l'augmentation du loyer et le montant intégral de l'augmentation des frais de police depuis 1891 ;

Les pertes sur les centimes ;

Les erreurs en moins ;

Le montant des augmentations de prix ou d'allocations quelconques accordées depuis le 1er janvier 1888 ;

Le montant de l'augmentation des subventions accordées à la Société de courses depuis la même époque.

Art. 2.— S'il ressort de la balance du compte un excédent de recettes, les Sociétés sont autorisées à le consacrer, en tout ou partie, à la Constitution d'un fonds spécial exclusivement destiné à maintenir, en cas de moins-value le montant des prix ou allocations quelconques fournies par les produits du pari mutuel.

Art. 4. — Le fonds spécial prévu à l'article 3 ne devra, en aucun cas, dépasser le cinquième de la somme totale annuelle des prix ou allocations que les Sociétés doivent inscrire en dépense au compte du pari mutuel.

Art. 5. — Indépendamment de l'emploi ci-dessus autorisé des excédents de recettes du compte du pari mutuel les reliquats, s'il en existe, pourront être affectés soit à une augmentation de la somme déjà donnée en prix, primes et subventions par les sociétés, sans qu'il soit besoin d'aucune autorisation administrative, soit à des dépenses telles que constructions de tribunes, travaux de premier établissement ou d'amélioration, acquisition de tout au partie des hippodromes, etc., mais sous réserve, pour cette catégorie de dépenses, de l'autorisation préalable du Ministre de l'agriculture et des justifications à produire ultérieurement aux Ministre de l'agriculture et des finances.

Art. 6. — Dans le cas où le compte du pari mutuel se solderait en excédent de dépenses et à défaut de disponibilité sur le fonds spécial prévu à l'article 3 du présent décret, les Sociétés sont autorisées à supprimer les prix ou allocations qui ne peuvent être dotées ou à en prélever le montant, en totalité ou en partie, sur leurs ressources propres.

Art. 7. — Les Sociétés qui, à défaut d'excédents suffisants sur les produits du pari mutuel, prélèveraient sur leurs ressources propres les sommes nécessaires pour maintenir tout ou partie des prix ou allocations qui figurent au compte du pari mutuel, sont autorisées, avant toute augmentation nouvelle de leurs allocations, à se couvrir des avances ainsi faites sur leurs ressources ordinaires au moyen des excédents de recettes du pari mutuel qui viendraient à se produire au cours des exercices ultérieurs.

Art. 8. — Les dispositions qui précèdent relativement à l'emploi des excédents de recettes du pari mutuel ne sont applicables qu'aux Sociétés pour lesquelles le prélèvement autorisé pour frais d'organisation dépasse 7.000 francs.

Titre III

De l'emploi des sommes provenant des tickets impayés.

Art. 9. — Les Sociétés de courses qui affecteront le produit des tickets impayés à l'allocation de secours en faveur du personnel des écuries, doivent ouvrir dans leurs écritures un compte spécial intitulé : « Caisse de secours du personnel des écuries de courses ».

Art. 10. — Le compte spécial prescrit par l'article 9 ci-dessus comprendra :

Au crédit :

Le montant des tickets définitivement impayés et les recettes accessoires, telles que dons et cotisations ;

Et au débit :

Les secours, les frais spéciaux d'administration et les allocations de la Société en faveur de la caisse de secours des employés d'administration du contrôle et du pari mutuel.

Art. 11. — Un règlement spécial à chaque caisse de secours déterminera exactement la catégorie de personnes auxquelles des secours pourront être alloués. Ce règlement sera soumis à l'approbation du Ministre de l'agriculture.

Art. 12. — Sous réserve d'un fonds de roulement en espèces, les excédents de recettes du produit des tickets impayés doivent être placés en rente sur l'Etat français, obligations de chemins de fer français ou valeurs du Crédit foncier de France.

Art. 13. — Les budgets et les comptes de chaque caisse de secours seront soumis annuellement à l'approbation du Ministère de l'agriculture.

Art. 14. — Le versement du produit annuel des tickets impayés aux caisses de secours cessera lorsque les revenus des fonds capitalistes permettront de faire face aux charges normales.

Art. 15. — Une décision ministérielle déterminera pour chaque caisse le chiffre maximum des revenus qui lui sont nécessaires.

Art. 16. — Les Sociétés de courses qui ne jugeront pas utile de créer la caisse de secours prévue au titre II du présent décret et celles dont les caisses de secours auront atteint le maximum qui leur sera assigné verseront le montant de leurs tickets impayés à la Caisse des dépôts et consignations qui en tiendra un compte spécial.

Art. 17. — Le montant des versements faits à la Caisse des dépôts et consignations, en exécution de l'article précédent sera réparti par les soins de la commission spéciale qui siège au Ministère de l'agriculture pour la répartition des fonds du pari mutuel aux œuvres de bienfaisance.

Art. 18. — Les dispositions du présent décret seront applicables à dater du 1er janvier 1897.

Art. 19. — Le Président du Conseil, Ministre de l'agriculture, est chargé de l'exécution du présent décret.

Fait à Paris, le 24 novembre 1896.

Félix Faure.

Par le Président de la République :

Le Président du Conseil,
Ministre de l'agriculture.

J. Méline.

TABLE DES MATIÈRES

FRANCE

CHAPITRE VII

CHAPITRE VIII

CHAPITRE IX

Algérie.

ÉTRANGER

L'Angleterre.

L'Allemagne.

L'Autriche-Hongrie.

La Russie.

La République Argentine.

L. Boyer, imprimeur, 15, rue Racine, Paris.

www.ingramcontent.com/pod-product-compliance
Ingram Content Group UK Ltd.
Pitfield, Milton Keynes, MK11 3LW, UK
UKHW020239180726
13839UKWH00001B/70